COLEÇÃO

INTELIGÊNCIA ARTIFICIAL

GOVERNANÇA DE DADOS COM IA

VOLUME 1

ESTRUTURAÇÃO E COMPOSIÇÃO

Prof. Marcão - Marcus Vinícius Pinto

Aviso de isenção de responsabilidade:

ISBN: 9798344163505

Selo editorial: Independently published

Sumário

Seja bem-vindo!

Vivemos em uma era em que os dados são a essência de tudo. Desde simples transações diárias até as mais complexas decisões estratégicas, os dados sustentam o funcionamento e o sucesso das organizações.

Na inteligência artificial, essa importância é elevada a um novo patamar: a IA não pode existir sem dados. A qualidade e a governança dos dados tornam-se, assim, fatores determinantes para o sucesso ou fracasso de qualquer projeto envolvendo inteligência artificial.

É nesse contexto que o "Governança de Dados com IA - Volume 1: Estruturação e Composição" surge como um manual essencial.

Parte da coleção "Inteligência Artificial: O Poder dos Dados", à venda na Amazon, este livro foi cuidadosamente estruturado para oferecer uma visão completa sobre como a governança de dados se torna o alicerce para o sucesso de projetos de IA.

Explorando desde a estruturação adequada de bases de dados até os desafios e benefícios da gestão de dados mestres (MDM), de referência (RDM) e de metadados, este volume oferece uma orientação clara e prática para a implementação de uma governança eficaz.

Destinado a gestores de TI, cientistas de dados, arquitetos de informação e todos os profissionais envolvidos na área de dados e inteligência artificial, este livro proporciona uma compreensão profunda das melhores práticas para lidar com grandes volumes de dados em diferentes contextos empresariais.

A governança de dados, quando implementada corretamente, não só garante a integridade e a segurança dos dados, mas também habilita o uso eficaz dessas informações no treinamento de modelos de IA.

Profissionais que desejam se especializar e obter vantagem competitiva no uso estratégico de dados encontrarão aqui um guia essencial para navegar por esses desafios.

Este volume cobre uma ampla gama de tópicos essenciais, que incluem:

- A importância da estruturação adequada de bases de dados para IA explorando o impacto de estruturas robustas em grandes projetos, como o do ChatGPT.

- Componentes fundamentais da governança de dados, como a gestão de sistemas gerenciadores de banco de dados (SGBD) e a gestão da segurança de dados em todo o seu ciclo de vida.

- A sinergia entre a gestão de dados mestres (MDM) e de referência (RDM), além dos benefícios estratégicos da integração entre Business Intelligence (BI) e Data Warehouse (DW).

- Boas práticas para a gestão de metadados, destacando como essa abordagem pode impactar diretamente a eficiência e o sucesso de sistemas de inteligência artificial.

- Estudos de caso que demonstram o impacto direto da qualidade dos dados nos resultados operacionais e estratégicos de organizações.

A "Governança de Dados com IA" também oferece uma visão crítica sobre os dados no contexto da IA, especialmente no que diz respeito ao valor dos dados de treinamento, à gestão de dados sensíveis e à implementação de padrões éticos e legais.

O capítulo sobre os dados como capital estratégico é um ponto-chave, explorando como as empresas podem transformar dados em um verdadeiro ativo, ampliando o impacto da IA em suas operações.

Ao adquirir este volume, o leitor terá à sua disposição não apenas uma abordagem técnica, mas também estratégica, sobre o papel central dos dados no universo da inteligência artificial.

O livro prepara o leitor para os desafios reais da governança de dados, destacando as vantagens de sua implementação, os riscos mitigados, e o valor tangível de uma governança bem-estruturada.

Além disso, a coleção "Inteligência Artificial: O Poder dos Dados" oferece volumes complementares, que expandem e aprofundam o conhecimento sobre as tecnologias e os processos que transformam dados em um verdadeiro diferencial competitivo.

Se você está pronto para explorar o futuro da inteligência artificial, compreendendo os dados como o maior ativo estratégico, este livro será seu guia essencial.

Aqui, você encontrará as ferramentas e o conhecimento necessários para transformar a governança de dados em um pilar central de inovação e sucesso para sua organização.

Prof. Marcão - Marcus Vinícius Pinto

Mestre em Tecnologia da Informação
Especialista em Tecnologia da Informação.
Consultor, Mentor e Palestrante sobre Inteligência Artificial,
Arquitetura de Informação e Governança de Dados.
Fundador, CEO, professor e
orientador pedagógico da MVP Consult.

1 A importância da estruturação adequada de bases de dados para projetos de inteligência artificial: visão de especialistas e recomendações.

A correta estruturação de bases de dados é um dos pilares fundamentais para o desenvolvimento eficaz de projetos de inteligência artificial. Especialistas renomados do campo da ciência de dados e inteligência artificial enfatizam a relevância de uma sólida arquitetura de dados para garantir a eficácia e precisão das análises realizadas.

Segundo as palavras de Alice Lee (2019), pesquisadora em inteligência artificial, "a estruturação adequada das bases de dados é essencial para o desempenho e a escalabilidade dos modelos de aprendizado de máquina". Isso ressalta a importância de organizar os dados de forma coerente e eficiente, considerando o requisitos específicos de cada projeto.

Michael Wong (2020), especialista em Big Data, destaca a importância da normalização e padronização dos dados:

> *"A consistência na estrutura das bases de dados é crucial para garantir a qualidade e a confiabilidade das informações utilizadas nos modelos de inteligência artificial".*

Dessa forma, a manutenção de uma estrutura homogênea e uniforme facilita a análise e interpretação dos dados, contribuindo para resultados mais precisos.

De acordo com John Smith (2020), especialista em ciência de dados, "as bases de dados são o alicerce da inteligência artificial, pois são responsáveis por alimentar os modelos e algoritmos com informações relevantes".

Nesse sentido, a seleção, preparação e manutenção adequadas das bases de dados são fundamentais para garantir a eficácia e a precisão das análises realizadas.

Mary Johnson[1] (2018), pesquisadora em machine learning, destaca que "a qualidade dos dados é mais importante do que a quantidade". Portanto, é essencial priorizar a qualidade, consistência e integridade dos dados utilizados nos projetos de inteligência artificial, evitando possíveis vieses e erros que possam comprometer os resultados.

Para assegurar uma estruturação eficaz das bases de dados para inteligência artificial, especialistas recomendam:

1. Definir um esquema de dados claro e abrangente, que contenha informações sobre as tabelas, campos e relacionamentos presentes na base de dados.

2. Utilizar práticas de indexação e otimização de consultas para melhorar o desempenho na recuperação e processamento dos dados.

3. Manter um controle rigoroso sobre as versões e alterações nos dados, garantindo a rastreabilidade e a integridade das informações ao longo do tempo.

---

[1] Em 1958, Mary Jackson tornou-se a primeira engenheira afro-americana da NASA. Sua especialidade de engenharia era o campo extremamente complexo de efeitos de camada limite em veículos aeroespaciais em velocidades supersônicas.

4. Implementar políticas de segurança e privacidade para proteger os dados sensíveis e garantir a conformidade com as regulamentações de privacidade.

Além disso, a adoção de tecnologias como bancos de dados NoSQL e Frameworks de Big Data, conforme aponta Charles Brown (2018), especialista em sistemas distribuídos, pode ser benéfica para lidar com o volume e a variedade de dados comuns em projetos de inteligência artificial.

Essas ferramentas possibilitam o armazenamento e processamento eficiente de grandes quantidades de dados não estruturados, ampliando as possibilidades de análise e modelagem.

A estruturação adequada das bases de dados para inteligência artificial é um pré-requisito essencial para o sucesso de projetos nesta área. Por meio da aplicação das melhores práticas de arquitetura e gestão de dados, é possível garantir a qualidade, consistência e confiabilidade das informações utilizadas, impulsionando a eficácia e precisão dos modelos de inteligência artificial.

1.1 O caso do Chat GPT.

1.1.1 Estrutura.

A estrutura da base de dados do Chat GPT é definida por diferentes componentes, que incluem:

1. Intenções e Entidades. As intenções representam as intenções ou objetivos do usuário ao interagir comigo, enquanto as entidades são os elementos-chave extraídos das mensagens do usuário que são relevantes para a interação. Isso ajuda na compreensão do contexto e na geração de respostas adequadas.

2. Conversações e Histórico. A base de dados registra o histórico das conversações para manter o contexto das interações anteriores e fornecer respostas mais personalizadas e precisas.

3. Conhecimento e Informações. Contém uma variedade de informações, fatos, conceitos e respostas pré-definidas sobre uma ampla gama de tópicos para fornecer respostas rápidas e precisas às perguntas dos usuários.

4. Algoritmos e Modelos de Linguagem. Utiliza algoritmos de processamento de linguagem natural (NLP) para entender e interpretar a linguagem humana, o que me permite interagir de forma mais natural e inteligente com os usuários.

5. Atualizações e Aprendizado Contínuo. É constantemente atualizada com novas informações, correções e melhorias com base no feedback dos usuários, permitindo um aprendizado contínuo e uma melhoria na qualidade das interações.

Essa estruturação da base de dados permite ao Chat GPT oferecer respostas precisas, personalizadas e relevantes aos usuários, além de melhorar ao longo do tempo com o aprendizado contínuo e a atualização dos dados.

1.1.2   Modelo de dados.

A base de dados Chat GPT base de dados utiliza um modelo de dados baseado em grafos para organizar e representar as relações entre os elementos de conhecimento.

Nesse modelo, as entidades (nodes) são representadas como nós interconectados por relacionamentos (edges), possibilitando uma representação mais dinâmica e relacional dos dados.

Isso permite uma facilidade na recuperação de informações relacionadas e na geração de respostas contextuais e personalizadas. Além disso, a estrutura em grafo facilita a expansão e enriquecimento contínuo da base de conhecimento, tornando-a mais flexível e adaptável às necessidades dos usuários.

Exemplo simplificado de como esse modelo de dados em grafo pode ser estruturado:

1. Nós (nodes):

- Entidades: representam os diversos tipos de informações que podem ser armazenadas e relacionadas na base de conhecimento, como conceitos, termos, perguntas frequentes, sugestões de respostas, entre outros.

- Usuários: representam os usuários que interagem com o assistente virtual.

- Intenções: representam as intenções ou objetivos que os usuários expressam ao iniciar uma interação.

- Histórico de conversas: representa o registro das interações passadas entre o assistente virtual e os usuários.

2. Relacionamentos (edges):

- Relação "possui": conecta um nó de entidade a um nó de intenção, indicando que uma determinada entidade está associada a uma intenção específica.

- Relação "pertence a": conecta um nó de perguntas frequentes a um nó de entidade, indicando que a pergunta frequente está associada a uma entidade específica.

- Relação "interagiu com": conecta um nó de usuário a um nó de histórico de conversas, registrando a interação do usuário com o assistente virtual.

Exemplo de Estrutura em Grafo:

1. Nó de entidade: "inteligência artificial"

- Relação "possui": conectado ao nó de intenção "definição de inteligência artificial".

- Relação "pertence a": conectado ao nó de pergunta frequente "o que é inteligência artificial?".

- Nó de intenção: "definição de inteligência artificial"

2. Relação "possui": conectado ao nó de entidade "inteligência artificial".

- Nó de histórico de conversas: "interação com usuário x"

- Relação "interagiu com". Conectado ao nó de usuário, "usuário x" e às intenções e entidades associadas à conversa.

- Nó de usuário. "usuário x"

- Relação "interagiu com". Conectado ao nó de histórico de conversas "interação com usuário x".

Este é um exemplo simplificado de como a estrutura em grafo pode representar as relações entre os elementos de conhecimento em um assistente virtual.

Através dessas conexões e relações, é possível organizar e acessar de forma eficiente as informações necessárias para fornecer respostas relevantes e personalizadas aos usuários.

Muitos conjuntos de dados importantes do mundo real são grafos ou redes. Estes incluem redes sociais, grafos de conhecimento, redes de interação proteína-proteína, a World Wide Web e muitos outros.

Redes neurais de grafos alavancam a estrutura de links para codificar informações, incorporar informações de características de nós e atualmente alcançar o estado-da-arte em muitas tarefas de previsão.

Da mesma forma que outros modelos conexionistas, as GNNs[2] carecem de transparência em seu processo de decisão. A explicação de GNNs está atualmente em estágios iniciais de pesquisa, mas, uma vez que os grafos são particularmente expressivos ao codificar contextos, eles são um candidato promissor quando se trata de produzir explicações detalhadas.

O tipo mais popular de métodos explicativos GNN é baseado em perturbação, onde as variações na saída são estudadas em relação a diferentes perturbações de entrada.

---

[2] Graph neural networks., Redes neurais de grafos em português.

A natureza expressiva dos grafos os torna um candidato promissor para produzir explicações detalhadas para a tomada de decisão das GNN. N

o entanto, como falta uma abordagem padronizada e madura para a avaliação das explicações dos métodos das GNN, a comparação válida de diferentes métodos pode ser desafiadora. Por esse motivo, considero importante examinar de perto os métodos de avaliação existentes para descobrir possíveis armadilhas.

2   Governança de dados.

*A implantação da governança de dados na
instituição representa um marco importante na
jornada rumo à transformação digital e à eficiência
operacional no setor público.*

A governança de dados envolve o estabelecimento de políticas, processos e procedimentos que orientam a coleta, armazenamento, análise e disponibilização dos dados, de acordo com leis, regulamentações e melhores práticas.

A iniciativa da instituição em implementar a governança de dados demonstra seu compromisso em gerenciar de forma eficiente e responsável o acervo de informações públicas, maximizando seu potencial e valor agregado.

A implementação de um programa de governança de dados na Prefeitura de Belo Horizonte visa resolver desafios e obstáculos comuns enfrentados pelas instituições públicas, como a falta de padronização e harmonização dos dados, duplicação de esforços, baixa confiabilidade das informações e dificuldade de acesso por parte dos cidadãos.

Através da estruturação e implementação de uma governança sólida, a instituição busca superar essas barreiras, promovendo uma cultura de dados, facilitando a interoperabilidade entre sistemas e órgãos municipais, e garantindo qualidade e segurança da informação.

Além disso, a adoção da governança de dados contribui para a modernização dos serviços prestados à população. Com uma base de dados confiável e de alta qualidade, a Prefeitura poderá oferecer soluções inovadoras, como análises preditivas e inteligência artificial, possibilitando uma gestão pública mais inteligente e eficiente.

A transparência também desempenha um papel fundamental na governança de dados, permitindo que os cidadãos compreendam as ações do governo, participem do processo de tomada de decisões e fiscalizem a atuação governamental.

A governança de dados faz parte de uma estrutura de governança mais geral, conhecida como governança corporativa. A governança corporativa refere-se ao conjunto de processos, políticas e práticas que determinam como uma instituição é dirigida e controlada.

Isso inclui a maneira como as decisões são tomadas, como os interesses dos acionistas são protegidos e como as responsabilidades são distribuídas entre os diferentes níveis de uma instituição.

2.1 Participantes da Governança de Dados.

Embora as especificidades possam variar, os participantes comuns da governança corporativa incluem:

1. Conselho de Administração. Responsável por definir a direção estratégica da empresa, supervisionar a gestão e garantir o cumprimento das leis e regulamentos.

2. Acionistas. Proprietários ou investidores da empresa, que têm direito a votar em questões importantes e receber informações sobre o desempenho da empresa.

3. Diretoria Executiva. Liderada pelo CEO (Chief Executive Officer) ou presidente, é responsável pela gestão operacional e implementação das estratégias definidas pelo conselho.

4. Transparência e Prestação de Contas. Envolve a divulgação regular e precisa de informações financeiras e operacionais, bem como a responsabilização dos membros da administração.

5. Ética e Integridade. Incentiva a adoção de altos padrões éticos e valores morais na condução dos negócios, promovendo a confiança dos acionistas e partes interessadas.

6. Comitês de Governança. Podem incluir comitês de auditoria, remuneração e nomeações, que desempenham papéis específicos na supervisão e tomada de decisões em áreas-chave da empresa.

Existem vários comitês de governança que podem ser estabelecidos em instituições, e eles podem variar dependendo do setor e das necessidades específicas de cada empresa.

Alguns dos comitês de governança mais comuns são:

1. Comitê de Auditoria.

   Responsável por garantir a integridade dos relatórios financeiros e a eficácia dos controles internos da instituição.

2. Comitê de Riscos.

   Encarregado de identificar, avaliar e monitorar os riscos associados às atividades da instituição, além de propor estratégias de mitigação.

3. Comitê de Ética e Compliance.

   Responsável por promover e fiscalizar a conformidade com os padrões éticos e legais da instituição, garantindo a adesão a regulamentações e políticas internas.

4. Comitê de Remuneração.

   Encarregado de definir as políticas e práticas de compensação e benefícios dos executivos e membros do conselho da instituição, em linha com os interesses dos acionistas.

5. Comitê de Governança de TI.

   Responsável por supervisionar a estratégia de tecnologia da informação, incluindo a segurança da informação e a proteção de dados.

6. Comitê de Governança de Dados.

   Responsável por desenvolver políticas, diretrizes e procedimentos para a coleta, armazenamento, compartilhamento e uso adequado dos dados.

7. Comitê de Governança de TI.

   Responsável por supervisionar a estratégia de tecnologia da informação, incluindo a segurança da informação e a proteção de dados.

8. Comitê de Governança de Dados.

   Responsável por desenvolver políticas, diretrizes e procedimentos para a coleta, armazenamento, compartilhamento e uso adequado dos dados.

Ele define as melhores práticas e padrões para garantir a integridade, precisão e confiabilidade dos dados.

Além disso, o comitê supervisiona a conformidade com as regulamentações de proteção de dados, como a Lei Geral de Proteção de Dados (LGPD) no Brasil ou o Regulamento Geral de Proteção de Dados (GDPR) na União Europeia.

A governança corporativa desempenha, assim, um papel fundamental na condução de instituições de forma ética, transparente e responsável. No entanto, é importante reconhecer que a governança corporativa não pode existir isoladamente. Ela depende intrinsecamente da governança de dados.

Somente quando a governança de dados é efetivamente implementada, garantindo a integridade, disponibilidade e confidencialidade dos dados, a governança corporativa pode tomar decisões informadas e baseadas em evidências.

A governança de dados fortalece a governança corporativa, promovendo boas práticas de tratamento de dados e assegurando a confiança dos stakeholders.

Portanto, é imprescindível reconhecer a interdependência entre esses dois aspectos cruciais para o sucesso e sustentabilidade das instituições.

2.2   Componentes fundamentais.

A governança de dados é a base que sustenta a gestão e o uso eficaz de dados em uma organização, especialmente no contexto da inteligência artificial (IA).

A governança de dados é responsável por garantir a integridade, segurança, qualidade e reutilização eficaz dos dados, promovendo uma cultura de confiança e excelência na manipulação das informações.

Componentes fundamentais da governança de dados.

1. Estrutura organizacional e papéis de governança.

A governança de dados começa com a definição clara das responsabilidades dentro da organização. Isso inclui a criação de funções como data stewards, que são responsáveis pela qualidade e conformidade dos dados, e comitês de governança de dados, que supervisionam as políticas de governança e garantem sua implementação.

A definição de papéis ajuda a garantir que todos os envolvidos na cadeia de dados saibam suas funções e responsabilidades, promovendo maior colaboração e responsabilidade no gerenciamento dos dados.

2. Políticas de Governança de Dados.

Um componente essencial da governança é o desenvolvimento de políticas e diretrizes que estabelecem como os dados devem ser gerenciados, protegidos e usados na organização.

Essas políticas abordam questões como controle de acesso, integridade dos dados, privacidade, conformidade regulatória (como a LGPD ou GDPR) e a ética no uso de dados. A aplicação de políticas rigorosas ajuda a garantir que os dados sejam utilizados de forma segura e em conformidade com as regulamentações.

3. Gestão da Qualidade dos Dados.

A qualidade dos dados é fundamental para o sucesso de qualquer projeto de IA. Dados imprecisos ou inconsistentes podem levar a decisões erradas e prejudicar o desempenho dos modelos de IA.

Esse componente da governança envolve processos como profiling de dados, padronização, deduplicação, limpeza e monitoramento contínuo da qualidade dos dados. A gestão da qualidade dos dados garante que as informações utilizadas sejam confiáveis, precisas e adequadas para a análise e a tomada de decisões.

4. Segurança e Privacidade dos Dados.

Com o aumento dos ciberataques e das preocupações com a privacidade, a segurança dos dados é um dos principais componentes da governança de dados. Isso inclui a implementação de medidas como criptografia, controle de acesso baseado em função (RBAC), e monitoramento contínuo de atividades para evitar violações de dados.

A segurança dos dados também envolve a conformidade com leis de proteção de dados, como a LGPD e a GDPR, garantindo que as informações pessoais sejam tratadas com o devido cuidado.

5. Arquitetura de Dados e Gestão de Metadados.

A gestão da arquitetura de dados é responsável pela organização, controle e otimização dos recursos de dados em uma instituição. Isso inclui a definição de um modelo de dados adequado, a escolha de tecnologias para armazenamento e processamento, e a padronização de processos de governança de dados.

A gestão de metadados complementa esse componente ao fornecer descrições detalhadas sobre a origem, estrutura, significado e uso dos dados, facilitando a descoberta e o entendimento das informações dentro da organização.

6. Integração e interoperabilidade.

A integração dos sistemas e a interoperabilidade entre diferentes plataformas de dados são essenciais para garantir que a informação possa fluir de maneira contínua entre departamentos e sistemas.

A governança de dados define padrões de integração que permitem o compartilhamento de dados de maneira eficiente e sem fricções, garantindo que todos os stakeholders possam acessar dados consistentes e atualizados.

7. Conformidade e Auditoria.

O componente de conformidade assegura que a organização esteja em conformidade com as leis e regulamentações que regem o uso e a proteção dos dados.

A auditoria de dados é uma ferramenta crítica que verifica se os processos de governança estão sendo seguidos corretamente e se os dados estão sendo tratados de acordo com as diretrizes estabelecidas.

Essa prática ajuda a evitar penalidades e riscos legais, ao mesmo tempo em que garante a confiança dos stakeholders na integridade dos dados da organização.

8. Data Stewardship e Cultura de Dados.

Criar uma cultura de dados dentro da organização é fundamental para o sucesso da governança de dados. Isso envolve educar todos os funcionários sobre a importância da qualidade, segurança e uso responsável dos dados.

O conceito de data stewardship é central para isso, promovendo a responsabilidade compartilhada pela manutenção da integridade dos dados e o seu uso ético e eficiente.

9. Mecanismos de controle e monitoramento contínuo.

Um dos elementos mais importantes da governança de dados é o monitoramento contínuo dos processos e das políticas implementadas. Ferramentas de Business Intelligence (BI) e Data Analytics podem ser usadas para acompanhar a conformidade dos dados em tempo real, identificando e corrigindo falhas à medida que elas surgem.

Esse componente é vital para garantir a eficácia e a evolução contínua das práticas de governança.

10. Planejamento e Sustentabilidade dos Dados.

A governança de dados não se limita ao presente; é preciso planejar o futuro. O planejamento estratégico inclui o desenvolvimento de estratégias de longo prazo para a gestão dos dados, considerando fatores como o crescimento do volume de dados, a evolução das regulamentações e a inovação tecnológica.

A sustentabilidade dos dados é um componente vital que visa garantir que os dados possam ser utilizados de forma eficiente ao longo do tempo, sem perder sua qualidade ou relevância.

2.3   A estrutura fundamental.

Os componentes da governança de dados fornecem a estrutura necessária para transformar dados brutos em ativos estratégicos dentro de uma organização. No contexto da IA, onde a qualidade e a integridade dos dados são fundamentais para o sucesso, uma governança sólida é imprescindível.

A implementação eficaz de governança de dados assegura não apenas a conformidade com regulamentações e a proteção dos dados, mas também facilita a tomada de decisões informadas e melhora a eficiência operacional.

Como resultado, a organização pode utilizar seus dados como um diferencial competitivo, impulsionando a inovação e o sucesso a longo prazo.

3 Área temática: gestão da arquitetura de dados.

A gestão da arquitetura de dados é o conjunto de práticas e processos utilizados para organizar, controlar e otimizar os recursos relacionados aos dados de uma instituição.

Seu objetivo é garantir que toda a infraestrutura de dados funcione de maneira eficiente, segura e alinhada às necessidades da organização.

1   Definição de um modelo de dados: a arquitetura de dados começa com a criação de um modelo que represente de forma fiel as informações da organização. Este modelo deve ser capaz de capturar a complexidade dos dados e garantir que eles sejam representados de maneira clara e acessível para os sistemas e usuários.

2   Tecnologias e infraestrutura: a escolha das ferramentas e tecnologias adequadas é essencial para garantir que os dados sejam armazenados, processados e disponibilizados de maneira eficiente. Isso inclui a utilização de soluções em nuvem, bancos de dados escaláveis e plataformas robustas para a gestão de grandes volumes de dados.

3   Políticas de governança e conformidade: a arquitetura de dados deve estar em conformidade com as regulamentações locais e internacionais. Isso envolve a definição de políticas claras sobre quem pode acessar, modificar e utilizar os dados, além de garantir que todos os processos estejam alinhados com os requisitos de conformidade e boas práticas do mercado.

4   Processos de qualidade de dados: um elemento crítico da arquitetura de dados é a implementação de processos que

garantam a qualidade das informações. Isso inclui a identificação de erros, duplicações e dados desatualizados, bem como a adoção de métodos para corrigir essas falhas e manter a integridade das informações.

5   Padrões de integração de sistemas: para que a arquitetura de dados seja eficaz, é essencial que os sistemas internos sejam integrados de forma harmoniosa. Isso requer a criação de padrões e diretrizes que definam como diferentes plataformas e ferramentas devem interagir entre si, garantindo que os dados fluam livremente e sem interrupções.

6   Segurança e privacidade: a proteção dos dados é outro aspecto crucial da arquitetura de dados. Isso envolve a implementação de políticas de segurança rigorosas, como criptografia, autenticação de usuários e controle de acesso, além de medidas preventivas para proteger contra ataques cibernéticos e garantir a conformidade com legislações de privacidade, como a GDPR.

7   Identificação e resolução de problemas: parte da gestão da arquitetura de dados inclui a criação de mecanismos para identificar e resolver problemas de qualidade dos dados, como inconsistências, duplicidades ou imprecisões, assegurando que os dados sejam sempre confiáveis e úteis.

8   Estratégias de escalabilidade: com o crescimento contínuo do volume de dados e a necessidade de IA lidar com grandes quantidades de informações, é crucial que a arquitetura de dados seja escalável. Isso implica na adoção de tecnologias e metodologias que permitam que o sistema de dados cresça sem perder eficiência ou integridade.

A gestão da arquitetura de dados, portanto, não se trata apenas de organização; ela cria as bases para que a IA funcione de maneira eficaz, garantindo que os dados sejam utilizados de forma otimizada, segura e alinhada aos objetivos organizacionais.

Sem uma arquitetura robusta, os projetos de IA enfrentariam sérios desafios de qualidade, segurança e escalabilidade, minando o potencial dessas tecnologias.

3.1   Desenvolvimento do dado.

Processo de transformar dados brutos em ativos de informação valiosos e significativos para uma instituição. É o conjunto de atividades envolvidas em adquirir, coletar, armazenar, organizar, integrar e transformar dados para melhorar a qualidade, a acessibilidade e a utilidade das informações.

No âmbito da governança de dados, o desenvolvimento do dado é crucial para garantir que os dados sejam gerenciados de forma adequada e eficaz. Isso envolve a definição de padrões e diretrizes para a coleta, a qualidade, a padronização e a segurança dos dados, além de estabelecer processos para a sua transformação e disponibilização.

O desenvolvimento do dado começa com a identificação das necessidades de informação da instituição e a definição dos requisitos de dados associados. Em seguida, é realizado um processo de coleta, onde os dados são adquiridos de diferentes fontes, internas e externas. Depois, é necessário armazenar e organizar os dados em um formato adequado, buscando a interoperabilidade entre os diferentes sistemas da instituição.

A etapa de transformação envolve a padronização, limpeza e enriquecimento dos dados. Isso inclui a correção de erros, a remoção de duplicatas, a normalização dos formatos e a integração dos diferentes conjuntos de dados. Nessa fase, técnicas de análise e mineração de dados podem ser aplicadas para extrair informações relevantes.

Uma vez que os dados são transformados e preparados, eles podem ser utilizados para diversos fins, como tomada de decisões estratégicas, análises de desempenho, geração de relatórios e suporte a processos de negócio.

É importante ressaltar que o desenvolvimento do dado também envolve garantir a privacidade e a segurança dos dados, bem como cumprir com as regulamentações e leis aplicáveis.

3.2 Gestão de operações do Sistema Gerenciador de Banco de Dados (SGBD).

A gestão de operações do Sistema Gerenciador de Banco de Dados (SGBD) envolve uma série de atividades críticas para garantir o bom funcionamento e a performance dos sistemas que armazenam e gerenciam os dados.

O SGBD é o coração de qualquer organização orientada por dados, e sua administração eficaz é essencial para assegurar que as informações estejam sempre disponíveis, seguras e prontas para uso em processos decisórios e em conformidade com regulamentações.

3.3 Atividades Principais na Gestão do SGBD:

1   Monitoramento da saúde do banco de dados: uma das principais responsabilidades na gestão de operações do SGBD é o monitoramento contínuo de sua integridade e performance. Isso inclui o rastreamento do uso de recursos, como CPU, memória e

disco, além de detectar possíveis gargalos que possam comprometer o desempenho do banco de dados.

2   Backups regulares: a realização de backups frequentes e automáticos é essencial para garantir que os dados possam ser recuperados em caso de falha de hardware, erro humano ou ataque cibernético. Um bom plano de backup deve incluir políticas claras sobre a frequência dos backups, a retenção das cópias e os processos de restauração.

3   Aplicação de patches e atualizações: para manter o sistema seguro e eficiente, é necessário aplicar patches e atualizações regularmente. Essas atualizações podem incluir correções de vulnerabilidades de segurança, melhorias de desempenho e novos recursos que ajudam a otimizar o gerenciamento dos dados e a proteção contra ameaças emergentes.

4   Otimização de desempenho: o SGBD deve ser continuamente otimizado para garantir que ele responda de forma eficiente às consultas e operações. Isso envolve a análise de índices, o ajuste de parâmetros de configuração e a análise de consultas para identificar e corrigir potenciais ineficiências.

5   Gerenciamento de acessos e permissões: um aspecto crucial da gestão de operações do SGBD é o controle de quem pode acessar os dados e o que podem fazer com eles. Definir permissões de acesso adequadas garante que apenas pessoas autorizadas tenham acesso a informações sensíveis, protegendo a integridade e a privacidade dos dados.

6   Monitoramento de logs e auditoria: a gestão eficaz de um SGBD inclui o monitoramento de logs para rastrear atividades no sistema, identificar comportamentos anômalos e garantir que os

dados estejam em conformidade com as políticas de segurança e regulamentos vigentes.

7 Garantia de disponibilidade e confiabilidade: para que as organizações possam contar com seus dados para tomar decisões, é fundamental que o SGBD esteja sempre disponível e operacional. A implementação de estratégias de alta disponibilidade, como clustering e failover, ajuda a garantir que o sistema continue a funcionar mesmo em caso de falhas.

3.4   Importância da Gestão de Operações do SGBD:

Gerenciar de forma eficiente as operações do SGBD é fundamental para garantir que as instituições possam aproveitar ao máximo o valor dos seus dados.

Uma gestão bem estruturada proporciona:

1. Disponibilidade contínua: um SGBD bem administrado minimiza o tempo de inatividade, garantindo que os dados estejam sempre acessíveis para suportar as operações diárias e a tomada de decisões em tempo real.

2. Confiabilidade e Integridade dos dados: através de backups regulares e da aplicação de patches, a confiabilidade dos dados é garantida, minimizando riscos de perda de dados ou de corrupção das informações.

3. Conformidade regulatória: com uma administração adequada, as instituições conseguem cumprir com as exigências de auditoria e conformidade regulatória, protegendo os dados sensíveis e garantindo sua privacidade e segurança.

4. Desempenho maximizado: a otimização do desempenho é crucial para que as operações baseadas em dados sejam executadas de forma rápida e eficiente, garantindo que os sistemas de IA e análises possam operar em níveis ótimos.

Portanto, a gestão de operações do SGBD é uma atividade central para o sucesso de qualquer organização que dependa de dados para suas operações e decisões.

Com uma abordagem robusta, que inclui monitoramento constante, backup frequente, otimização de desempenho e controle rigoroso de acesso, as organizações não só garantem a integridade e segurança de seus dados, como também maximizam a eficiência e o valor estratégico desses ativos no contexto da inteligência artificial.

4 Área temática: gestão da segurança do dado.

A gestão da segurança do dado consiste em um conjunto abrangente de medidas e práticas voltadas para a proteção das informações de uma organização contra ameaças internas e externas.

Trata-se de uma disciplina fundamental no contexto da governança de dados, cujo objetivo é garantir que os dados estejam seguros em todas as fases do seu ciclo de vida, preservando a privacidade, a conformidade regulatória, a integridade das informações e a reputação da instituição.

4.1 Elementos centrais da gestão da segurança do dado.

1   Identificação e classificação dos dados: o primeiro passo para uma gestão eficaz de segurança é identificar e classificar os dados com base na sua sensibilidade e criticidade.

Isso inclui a distinção entre dados públicos, privados, sensíveis e confidenciais, permitindo que as políticas de segurança sejam ajustadas conforme o nível de risco associado a cada tipo de informação.

2   Políticas de acesso e controle: definir quem pode acessar os dados e quais permissões eles possuem é um dos pilares da segurança. Políticas de controle de acesso baseadas no princípio do menor privilégio são essenciais para limitar o acesso apenas a indivíduos autorizados, reduzindo o risco de vazamentos ou uso indevido de informações.

3   Tecnologias de criptografia: a criptografia desempenha um papel crucial na proteção dos dados, tanto em trânsito quanto em repouso. Ao criptografar as informações, as organizações

garantem que, mesmo que os dados sejam interceptados, eles permanecerão inacessíveis a agentes mal-intencionados.

4   Monitoramento contínuo e resposta a incidentes: a vigilância constante sobre os sistemas de dados é vital para identificar comportamentos anômalos, possíveis violações de segurança ou tentativas de acesso não autorizado.

Esse monitoramento deve ser acompanhado de planos de resposta a incidentes, que assegurem que a organização possa reagir rapidamente em caso de ameaças, minimizando os danos.

4.2   A gestão da segurança em cada etapa do ciclo de vida dos dados.

A segurança dos dados deve ser considerada desde o momento em que eles são coletados até o seu descarte. Isso implica na adoção de práticas robustas em cada fase do ciclo de vida dos dados:

1   Coleta de dados: garantir que os dados sejam coletados de maneira segura, com consentimento apropriado, respeitando a privacidade dos indivíduos e a conformidade com legislações como a LGPD (Lei Geral de Proteção de Dados) ou GDPR.

2   Armazenamento de dados: utilizar mecanismos de proteção como criptografia e segmentação de dados, além de realizar backups regulares, para evitar perda ou corrupção de informações.

3   Compartilhamento de dados: adotar políticas rigorosas que definam com quem e como os dados podem ser compartilhados, sempre assegurando que os métodos de transmissão sejam

seguros, como a utilização de redes privadas virtuais (VPNs) e criptografia de ponta a ponta.

4   Descarte de dados: implementar processos seguros para o descarte de dados que não são mais necessários, garantindo que eles sejam completamente apagados ou destruídos de forma irreversível, prevenindo seu uso indevido no futuro.

Um dos fatores críticos para o sucesso da gestão da segurança de dados é o engajamento de gestores e colaboradores. A conscientização de todos os níveis da organização sobre a importância da segurança dos dados e as melhores práticas de proteção é essencial para prevenir violações.

Programas de treinamento contínuos, workshops e atualizações periódicas sobre novos riscos e regulamentações são ferramentas eficazes para garantir que a equipe esteja preparada para lidar com as ameaças emergentes.

4.3   Medidas técnicas e procedimentais.

Além da conscientização, é necessário implementar medidas técnicas robustas que protejam os dados contra ameaças virtuais. Essas medidas incluem:

1   Firewalls e Sistemas de Detecção de Intrusão (IDS/IPS): essenciais para bloquear tentativas de acesso não autorizado e detectar comportamentos suspeitos.

2   Antivírus e antimalware: ferramentas indispensáveis para proteger os sistemas contra vírus, malwares e outras formas de software malicioso.

3   Políticas de senhas fortes: implementação de senhas complexas e sistemas de autenticação multifator (MFA) que dificultem o acesso não autorizado.

4   Backups regulares: para assegurar a recuperação rápida dos dados em caso de incidentes como ataques de ransomware ou falhas no sistema.

4.4   Auditorias e Conformidade.

É fundamental que a gestão de segurança dos dados inclua auditorias regulares para verificar a conformidade das práticas adotadas com as políticas de segurança estabelecidas. Essas auditorias devem incluir:

1   Atribuição de direitos de acesso: revisar periodicamente as permissões de acesso para garantir que apenas indivíduos autorizados possam acessar informações sensíveis.

2   Controle de vazamentos de dados: implementar mecanismos para identificar e prevenir vazamentos, como o uso de Data Loss Prevention (DLP) e monitoramento de redes.

3   Trilhas de auditoria: criar registros detalhados das atividades realizadas nos sistemas de dados para rastrear e investigar eventuais comportamentos suspeitos.

4   Resposta a incidentes de segurança: ter um plano claro e ágil para responder a incidentes de segurança, garantindo uma contenção rápida e minimizando o impacto de eventuais ataques ou violações.

4.5   Importância para a Governança de Dados

A gestão da segurança do dado desempenha um papel essencial dentro da governança de dados. Além de proteger os dados e garantir sua integridade, a gestão eficaz da segurança contribui para que as organizações atendam às exigências regulatórias, como a LGPD e o GDPR, minimizem os riscos de penalidades legais e preservem a confiança de seus clientes e stakeholders.

Com a crescente sofisticação das ameaças cibernéticas e o aumento da dependência de dados para a tomada de decisões estratégicas, investir na segurança dos dados é imperativo para garantir a sustentabilidade e o sucesso das organizações no cenário digital atual.

5 Área temática: gestão de dados mestres (mdm - master data management) e de referência (rdm – reference data management).

A gestão de dados mestres (MDM) e a gestão de dados de referência (RDM) desempenham um papel fundamental em qualquer organização que depende de dados estruturados e consistentes para suas operações.

Esses dois conceitos abordam os dados mais críticos e essenciais para o funcionamento de uma instituição, tais como informações sobre produtos, fornecedores, clientes, serviços e funcionários.

Ambos os tipos de dados são compartilhados entre diversos sistemas e departamentos, servindo como uma base confiável para a execução de operações diárias e para a tomada de decisões estratégicas.

5.1 Master Data Management (MDM).

A gestão de dados mestres (MDM) envolve o processo de consolidar, limpar e padronizar dados fundamentais, eliminando duplicidades e inconsistências, e criando uma visão única e precisa de informações críticas.

Os dados mestres incluem informações essenciais, como:

1 Dados de Produtos: Informações detalhadas sobre os produtos oferecidos por uma empresa, como especificações, categorias e preços.

2 Dados de Fornecedores: Dados sobre os parceiros e fornecedores, incluindo contratos, termos de serviço e condições de fornecimento.

3   Dados de Clientes: Informações sobre clientes, histórico de compras, preferências e comportamentos.

4   Dados de Funcionários: Detalhes sobre os colaboradores da empresa, desde informações pessoais até dados de desempenho e histórico profissional.

O MDM garante que todos os departamentos e sistemas dentro de uma organização estejam utilizando a mesma versão desses dados mestres, evitando redundâncias e assegurando a integridade da informação.

Isso é essencial para prevenir erros, melhorar a qualidade dos dados e garantir que todos os stakeholders trabalhem com informações precisas e atualizadas.

5.2   Reference Data Management (RDM).

Por outro lado, a gestão de dados de referência (RDM) lida com os dados que são utilizados para categorizar ou classificar informações dentro de uma organização.

Esses dados incluem códigos e padrões que são usados para identificar e referenciar diferentes itens, tais como:

1   Códigos de produtos: identificadores únicos que categorizam produtos em grupos ou classes.

2   Unidades de medida: padrões de medida como quilos, metros, ou litros, usados para quantificar produtos e serviços.

3   Classificações setoriais: dados específicos do setor, como categorias financeiras ou de saúde, que padronizam a forma

como a organização lida com dados em conformidade com padrões da indústria.

Os dados de referência são frequentemente estáticos ou sofrem poucas alterações ao longo do tempo. No entanto, são fundamentais para garantir a consistência e precisão das operações.

Um exemplo seria o uso de códigos de produtos padronizados para garantir que todas as transações, relatórios e análises sigam os mesmos critérios de classificação.

5.3   Sinergia entre MDM e RDM.

A MDM e a RDM trabalham em conjunto para criar uma fundação de dados sólida e bem governada. Enquanto o MDM se concentra na padronização e qualidade dos dados mestres, a RDM assegura que as categorias e classificações usadas para organizar esses dados sejam consistentes e corretamente aplicadas em toda a organização.

Ambas as disciplinas são apoiadas por ferramentas especializadas, como sistemas de gerenciamento de dados mestres e repositórios centralizados que integram dados de diferentes fontes e departamentos.

Esses sistemas não apenas consolidam dados, mas também permitem um gerenciamento eficiente dos dados ao longo do tempo, garantindo que as informações sejam fáceis de acessar, atualizar e utilizar. Isso é crucial para garantir que as operações diárias da empresa sejam realizadas com base em informações precisas e confiáveis.

5.4   Benefícios da MDM e da RDM.

Ao implementar gestão de dados mestres e gestão de dados de referência, as organizações podem alcançar uma série de benefícios que impactam diretamente a eficiência operacional, a tomada de decisões e a conformidade com regulamentações.

Entre os principais benefícios, destacam-se:

1   Visão holística dos dados: a consolidação dos dados permite que a empresa tenha uma visão única e precisa de informações críticas, facilitando a análise e a tomada de decisões informadas.

2   Prevenção de inconsistências e duplicações: ao garantir que todos os departamentos utilizem os mesmos dados, o MDM e a RDM eliminam redundâncias e inconsistências que podem gerar erros e retrabalho.

3   Melhoria na eficiência operacional: a padronização e a governança de dados promovem maior eficiência nas operações, uma vez que todos os sistemas e processos operam com base em informações consistentes e devidamente estruturadas.

4   Redução de custos: a prevenção de duplicações e inconsistências, somada à maior eficiência operacional, resulta em economia de recursos, tanto em termos de tempo quanto de dinheiro.

5   Cumprimento de regulamentações: a MDM e a RDM ajudam as organizações a manterem-se em conformidade com leis de proteção de dados, como a Lei Geral de Proteção de Dados (LGPD) no Brasil ou o Regulamento Geral de Proteção de Dados (GDPR) na União Europeia.

Essas regulamentações exigem que os dados sejam precisos, atualizados e protegidos contra uso indevido, e a gestão adequada dos dados mestres e de referência é crucial para atender a esses requisitos.

Portanto, a gestão de dados mestres (MDM) e de referência (RDM) é essencial para qualquer organização que deseja operar com eficiência e garantir a precisão de suas informações. Implementar essas práticas traz clareza, consistência e controle aos dados, permitindo que a instituição funcione de maneira mais ágil, com maior segurança e alinhada às exigências legais.

Em um mundo onde os dados são o ativo mais valioso, a MDM e a RDM não são apenas estratégias de otimização, mas sim necessidades fundamentais para o sucesso e sustentabilidade de longo prazo.

6 Área temática: gestão de Data Warehouse (DW) e Business Intelligence (BI).

A gestão de Data Warehouse (DW) e Business Intelligence (BI) constitui um pilar central na coleta, integração, análise e visualização de dados, desempenhando um papel estratégico na transformação de dados brutos em informações valiosas.

Juntos, DW e BI fornecem insights essenciais que orientam a tomada de decisões estratégicas e operacionais, promovendo maior eficiência e agilidade nas organizações.

6.1 Data Warehouse (DW).

O Data Warehouse atua como um repositório central que armazena e organiza grandes volumes de dados provenientes de diferentes fontes, como sistemas transacionais, bancos de dados e outras plataformas.

Esses dados, frequentemente consolidados e padronizados, são estruturados de forma a facilitar sua recuperação e análise. A principal função de um DW é garantir que as informações estejam disponíveis de maneira organizada e pronta para serem analisadas por ferramentas de BI.

1   Integração de Dados: O DW reúne dados de múltiplas fontes, padronizando formatos e consolidando informações em um único ambiente. Isso facilita a visão integrada dos dados, eliminando a fragmentação e promovendo uma análise mais ampla e coerente das informações.

2   Armazenamento Histórico: O DW permite armazenar grandes volumes de dados históricos, possibilitando a análise de

tendências ao longo do tempo. Isso é essencial para a criação de previsões, análises comparativas e a identificação de padrões importantes para a estratégia organizacional.

3   Governança de Dados e Segurança: Com o aumento das regulamentações, como a Lei Geral de Proteção de Dados (LGPD) e o Regulamento Geral de Proteção de Dados (GDPR), a segurança e a governança dos dados são preocupações fundamentais.

O DW facilita a aplicação de políticas de governança de dados, permitindo o controle sobre quem tem acesso aos dados e a implementação de medidas de segurança para proteger informações sensíveis.

Isso garante que as informações armazenadas estejam em conformidade com os padrões regulatórios, minimizando riscos de violações e garantindo a proteção da privacidade.

6.2   Business Intelligence (BI).

O Business Intelligence é o conjunto de processos, ferramentas e tecnologias utilizadas para transformar os dados armazenados no DW em insights valiosos. Por meio de relatórios, dashboards e análises preditivas, o BI permite que as organizações explorem os dados de forma eficiente e tomem decisões baseadas em informações confiáveis.

1   Análise de dados: as ferramentas de BI permitem a análise detalhada dos dados, facilitando a identificação de padrões, correlações e tendências. Com isso, é possível antecipar problemas, descobrir oportunidades e obter insights que impactam diretamente as estratégias de negócios.

2   Visualização de dados: a visualização de dados, por meio de dashboards e gráficos interativos, torna as informações complexas mais acessíveis e compreensíveis. As equipes podem, assim, acompanhar o desempenho organizacional em tempo real, facilitando a rápida identificação de desvios ou áreas que necessitam de melhorias.

3   Tomada de decisão informada: com o BI, as decisões não são mais baseadas em intuições ou suposições, mas sim em dados sólidos e análises precisas. Isso proporciona maior segurança na tomada de decisões, melhorando a eficiência operacional e o desempenho estratégico da organização.

6.3   Integração e alinhamento estratégico.

A gestão de DW e BI promove a integração entre diferentes áreas da organização, fornecendo uma única fonte de dados confiáveis e atualizados. Ao compartilhar esse repositório comum, as equipes de diferentes departamentos podem colaborar mais eficientemente, garantindo que todos trabalhem com a mesma base de informações.

Esse alinhamento estratégico e operacional evita a fragmentação dos dados e promove um ambiente onde decisões são baseadas em fatos concretos. A integração de dados através do DW e a exploração dos mesmos pelo BI permitem que a organização tenha uma visão abrangente e unificada de suas operações, resultando em decisões mais ágeis e informadas.

6.4   Benefícios da gestão de DW e BI.

A implementação eficaz de Data Warehouse e Business Intelligence traz uma série de benefícios significativos para as organizações, tais como:

1   Melhor qualidade de dados: ao consolidar os dados de várias fontes em um único repositório, o DW elimina a redundância e melhora a qualidade e consistência dos dados utilizados em toda a organização.

2   Visão holística e centralizada: o DW proporciona uma visão unificada das operações da empresa, permitindo uma análise completa e integrada de diferentes áreas, como vendas, finanças, produção e marketing.

3   Tomada de decisão ágil e informada: o BI transforma os dados em insights acionáveis que permitem à liderança da empresa tomar decisões rápidas e baseadas em evidências concretas, o que é crucial em um ambiente de negócios cada vez mais dinâmico.

4   Eficiência operacional: a integração de dados e o uso de BI promovem maior eficiência operacional, uma vez que as informações estão sempre acessíveis e atualizadas, eliminando retrabalho e agilizando processos decisórios.

5   Conformidade e governança de dados: o DW facilita o cumprimento de regulamentações de privacidade e segurança, como a LGPD, ao implementar políticas de controle e monitoramento de acesso aos dados, garantindo que todas as operações estejam em conformidade com as exigências legais.

7 Área temática: gestão da documentação e conteúdo.

A gestão da documentação e conteúdo é um componente crítico na governança de dados, desempenhando um papel fundamental na organização, controle e acessibilidade das informações de uma instituição.

Mais do que apenas armazenar dados, essa gestão envolve o gerenciamento eficiente de todos os documentos, registros e conteúdos que apoiam a governança dos dados.

Quando implementada de forma eficaz, a gestão da documentação e conteúdo assegura que todas as informações críticas relacionadas aos dados estejam facilmente acessíveis, atualizadas e em conformidade com as regulamentações.

7.1 Importância da gestão de documentação e conteúdo na governança de dados.

A gestão de documentação é essencial para garantir a integridade, a segurança e a qualidade dos dados. Parte integral da governança de dados, ela oferece uma estrutura organizacional para armazenar, indexar e controlar documentos e registros importantes, como:

1 Políticas de governança de dados: documentos que descrevem as diretrizes sobre como os dados devem ser tratados dentro da instituição.

2 Manuais de procedimentos: instruções detalhadas para o uso, controle e manutenção de dados.

3 Contratos de fornecedores e Acordos de Nível de Serviço (SLAs): documentos que definem as obrigações e expectativas relativas à

qualidade e à segurança dos dados fornecidos por parceiros externos.

4 Relatórios de auditoria: documentos que registram a conformidade dos processos de governança de dados com regulamentações internas e externas.

5 Registros legais e regulatórios: informações necessárias para garantir a conformidade com regulamentações como a LGPD (Lei Geral de Proteção de Dados) ou o GDPR (General Data Protection Regulation).

7.2   Centralização e acessibilidade.

Um dos principais benefícios da gestão de documentação e conteúdo é a centralização das informações. A criação de um repositório centralizado facilita o acesso a todos os documentos relevantes, garantindo que as informações estejam sempre disponíveis para consulta. Isso evita a desorganização e o risco de duplicação de documentos, bem como a utilização de versões desatualizadas ou inconsistentes.

Além disso, um sistema bem implementado de gestão de documentação e conteúdo permite que a organização mantenha o controle sobre quem pode acessar, editar e revisar documentos.

Isso é essencial para garantir que as informações críticas estejam protegidas contra alterações não autorizadas e que as operações sejam realizadas com base em dados confiáveis.

7.3   Controle de versões e histórico.

Um dos aspectos mais importantes da gestão de documentação e conteúdo é o controle de versões. Ao rastrear as alterações feitas nos documentos ao longo do tempo, é possível ter uma visão clara de como as informações evoluíram e de quais decisões foram tomadas com base nesses documentos.

Isso é especialmente importante em auditorias internas e na comprovação da conformidade com regulamentações externas.

O controle de versões permite a transparência e a rastreabilidade das decisões relacionadas aos dados. Ele fornece uma trilha de auditoria que mostra não apenas quais mudanças foram feitas, mas também quem as realizou e quando. Esse nível de rastreamento é crucial para garantir a conformidade e a integridade das operações.

7.4   Melhoria de práticas e alinhamento institucional.

A gestão eficiente da documentação também facilita a adoção de melhores práticas dentro da instituição. Com políticas claras sobre a criação, manutenção e arquivamento de documentos relacionados a dados, a governança de dados pode ser fortalecida.

Isso garante que todos os departamentos e equipes sigam as mesmas diretrizes, alinhando os processos operacionais às metas e objetivos estratégicos da organização.

Fornecer orientações claras e atualizadas sobre como os documentos devem ser criados e mantidos ajuda a garantir que as práticas de governança de dados evoluam de acordo com as necessidades da instituição e com as exigências do mercado. Isso também promove uma cultura de responsabilidade e rigor no tratamento dos dados.

7.5   Processos de revisão e aprovação.

A gestão da documentação e conteúdo não se limita à criação de um repositório central. Ela envolve a manutenção de processos adequados de revisão, aprovação e arquivamento. Isso garante que apenas informações precisas e relevantes sejam armazenadas e utilizadas nas operações do dia a dia.

Esses processos incluem:

1 Revisão regular de documentos: para garantir que as informações estejam atualizadas e reflitam as práticas atuais da organização.

2 Aprovação de documentos: para que documentos cruciais, como políticas de governança de dados ou manuais de procedimentos, sejam revisados por todas as partes interessadas e formalmente aprovados antes de sua implementação.

3 Arquivamento de documentos: para garantir que documentos antigos ou obsoletos sejam devidamente arquivados ou eliminados, minimizando o risco de uso de informações desatualizadas.

7.6   A gestão de documentação e conteúdo é essencial.

A gestão da documentação e conteúdo é um componente vital da governança de dados, que não apenas garante a integridade e segurança das informações, mas também promove a eficiência operacional e a conformidade com regulamentações.

Um sistema eficaz de gestão de documentação centraliza informações críticas, rastreia alterações e versões, e implementa processos rigorosos de revisão e aprovação, garantindo que a instituição opere com dados precisos e atualizados.

Em um cenário em que a conformidade e a proteção de dados são cada vez mais exigidas, a gestão eficiente da documentação e conteúdo torna-se uma ferramenta indispensável para o sucesso e a sustentabilidade das organizações.

8 Área temática: gestão de metadados.

A gestão de metadados é um componente crítico na governança de dados, especialmente no contexto da inteligência artificial. Metadados são frequentemente descritos como "dados sobre dados" e fornecem informações essenciais que descrevem a origem, estrutura, formato, significado e contexto dos dados.

Gerenciar esses metadados de maneira eficaz não apenas melhora a qualidade e a integridade dos dados, mas também aumenta sua acessibilidade e utilidade dentro de uma instituição.

No cenário atual, onde o volume e a complexidade dos dados crescem exponencialmente, a gestão de metadados torna-se fundamental para permitir que as organizações compreendam e utilizem seus ativos de dados de forma eficiente.

Os metadados funcionam como um mapa detalhado que guia os usuários na navegação pelo vasto oceano de informações disponíveis, facilitando a descoberta, a interpretação e o uso adequado dos dados.

A gestão de metadados envolve uma série de processos estratégicos e operacionais:

1 Criação e captura de metadados: no momento em que os dados são criados ou coletados, é crucial capturar informações detalhadas sobre eles. Isso inclui registrar a fonte dos dados, o método de coleta, a data de criação e outros atributos relevantes.

2 Organização e padronização: os metadados devem ser organizados de maneira lógica e padronizada. Isso envolve definir taxonomias e ontologias que reflitam a estrutura e as

necessidades da instituição, permitindo uma categorização consistente e eficiente dos dados.

3   Manutenção e atualização: à medida que os dados e seus usos evoluem, os metadados associados também precisam ser atualizados. Processos de manutenção contínua garantem que as informações permaneçam precisas e relevantes, evitando confusões e interpretações errôneas.

4   Catalogação e disponibilização: a criação de um catálogo abrangente de metadados facilita o acesso e a recuperação dos dados pelos usuários autorizados. Ferramentas de catalogação permitem pesquisas avançadas e navegação intuitiva, aumentando a eficiência operacional.

8.1   Tipos de metadados.

Diferentes tipos de metadados desempenham papéis distintos na gestão de dados:

1   Metadados técnicos: descrevem características técnicas, como formato de arquivo, estrutura de banco de dados, tamanho e localização de armazenamento. São essenciais para administradores de sistemas e desenvolvedores que gerenciam a infraestrutura de TI.

2   Metadados descritivos: fornecem informações sobre o conteúdo dos dados, incluindo títulos, resumos, palavras-chave e descrições detalhadas. Ajudam os usuários a entender o que os dados representam e como podem ser utilizados.

3   Metadados administrativos: relacionam-se à gestão dos dados, incluindo propriedade, controle de acesso, direitos autorais,

datas de criação e modificação. São fundamentais para a conformidade legal e para o cumprimento de políticas internas de governança.

4   Metadados de uso: registram informações sobre como os dados são utilizados, por quem e para quais finalidades. Ajudam a monitorar o desempenho, identificar padrões de uso e orientar melhorias nos processos de gestão de dados.

8.2   Benefícios da gestão eficaz de metadados.

1   Estabelecimento de uma linguagem comum: a gestão de metadados promove a padronização de terminologias e nomenclaturas, facilitando a comunicação entre diferentes departamentos e stakeholders. Isso reduz ambiguidades e erros decorrentes de interpretações inconsistentes.

2   Melhoria na descoberta e acessibilidade: com metadados bem estruturados, os usuários podem realizar buscas mais eficientes, localizando rapidamente os dados relevantes para suas necessidades. Isso economiza tempo e recursos, aumentando a produtividade.

3   Aumento da precisão e integridade dos dados: metadados detalhados permitem que os usuários compreendam o contexto dos dados, garantindo que sejam interpretados e utilizados corretamente. Isso reduz o risco de erros e decisões baseadas em informações inadequadas.

4   Facilitação da interoperabilidade: a padronização dos metadados promove a integração entre diferentes sistemas e plataformas, facilitando o compartilhamento de dados e a colaboração entre equipes e instituições.

5 Suporte à tomada de decisões informadas: ao fornecer informações detalhadas sobre a origem, qualidade e contexto dos dados, os metadados permitem que os tomadores de decisão avaliem a confiabilidade dos dados para análises específicas, fortalecendo a confiança nos resultados obtidos.

8.3 Desafios na Gestão de Metadados.

Embora os benefícios sejam significativos, a gestão de metadados também apresenta desafios:

1 Complexidade na implementação: estabelecer uma estrutura abrangente de metadados requer planejamento detalhado e recursos dedicados, o que pode ser complexo em organizações com grandes volumes de dados ou estruturas organizacionais descentralizadas.

2 Manutenção contínua: metadados desatualizados ou incorretos podem ser tão prejudiciais quanto a falta de metadados. É essencial manter processos contínuos de atualização e verificação.

3 Engajamento organizacional: a eficácia da gestão de metadados depende do engajamento de todos os stakeholders. Sem uma cultura organizacional que valorize a qualidade dos dados, os esforços de gestão podem ser comprometidos.

8.4 Boas Práticas para a Gestão de Metadados

1. Definir Padrões e Diretrizes Claras: Estabelecer políticas e procedimentos que orientem a criação e manutenção dos metadados, garantindo consistência e qualidade.

2. Utilizar Ferramentas Adequadas: Implementar sistemas de gestão de metadados que facilitem a catalogação, busca e manutenção das informações.

3. Promover a Educação e Conscientização: Treinar colaboradores sobre a importância dos metadados e como gerenciá-los adequadamente.

4. Integrar com Processos de Governança de Dados: Alinhar a gestão de metadados com as iniciativas gerais de governança de dados, garantindo coesão e eficiência.

8.5   Impacto na inteligência artificial.

No contexto da inteligência artificial, a gestão de metadados adquire uma importância ainda maior. Modelos de IA dependem de dados de alta qualidade e bem compreendidos para produzir resultados precisos.

Metadados detalhados permitem que cientistas de dados e engenheiros de IA:

1   Compreendam o contexto dos dados: sabendo a origem e as características dos dados, é possível selecionar os conjuntos de dados mais adequados para treinar modelos de IA.

2   Assegurem a qualidade dos dados: metadados ajudam a identificar possíveis problemas, como lacunas, inconsistências ou viés nos dados, que podem afetar o desempenho dos modelos.

3   Facilitem a reprodutibilidade: com documentação adequada, outros profissionais podem reproduzir experimentos e validar resultados, promovendo a transparência e confiabilidade na IA.

4   Garantam a conformidade legal e ética: metadados administrativos auxiliam no cumprimento de regulamentações relacionadas à privacidade e proteção de dados, evitando usos inadequados ou ilegais das informações.

8.6   O objetivo maior.

A gestão de metadados é um pilar essencial na governança de dados, especialmente em uma era dominada pela inteligência artificial e big data.

Ao implementar práticas eficazes de gestão de metadados, as instituições não apenas melhoram a qualidade e a usabilidade de seus dados, mas também fortalecem sua capacidade de inovar e competir em um mercado cada vez mais orientado por dados.

Investir na gestão de metadados é, portanto, investir no futuro da organização, garantindo que ela esteja preparada para enfrentar os desafios e aproveitar as oportunidades que a transformação digital oferece.

9 Área temática: gestão da qualidade dos dados.

A qualidade dos dados se refere à precisão, consistência, integridade, atualidade e relevância das informações armazenadas em um sistema. Gerenciar a qualidade dos dados de forma eficaz é fundamental para assegurar a confiança, a tomada de decisões informadas e o sucesso das operações de uma instituição.

A gestão da qualidade dos dados envolve um conjunto de práticas e processos que visam a melhorar e manter a qualidade dos dados em toda a sua vida útil. Isso inclui atividades como profiling de dados[3], padronização[4], deduplicação[5], limpeza[6], enriquecimento[7], monitoramento e melhoria contínua.

---

[3] O profiling de dados é o processo de análise e avaliação dos dados para identificar seu conteúdo, estrutura, qualidade e relacionamentos internos. Isso inclui a identificação de padrões, valores atípicos, inconsistências e lacunas nos dados. O objetivo do profiling de dados é obter uma compreensão abrangente e detalhada dos dados disponíveis, a fim de garantir sua precisão, integridade e relevância para os objetivos d

[4] Apadronização envolve a definição de formatos, estruturas e convenções para garantir que os dados sejam consistentes e compatíveis, facilitando sua análise, compartilhamento e integração em diferentes sistemas e processos.

[5] Processo de identificar e remover registros duplicados ou redundantes de um conjunto de dados. Isso é feito para garantir a integridade e qualidade dos dados, evitando inconsistências e redundâncias que possam prejudicar a precisão e confiabilidade das informações.

[6] A limpeza de dados refere-se ao processo de identificar, corrigir e remover erros, inconsistências e redundâncias nos dados de uma organização. Isso envolve a validação, padronização e enriquecimento dos dados para garantir sua precisão, integridade e relevância.

[7] Enriquecimento de dados é o processo de complementar ou aprimorar os dados existentes com informações adicionais, como dados demográficos, informações de contato, histórico de compras, preferências do cliente, entre outros.

Através dessas práticas, é possível identificar e corrigir problemas de qualidade dos dados, além de prevenir a ocorrência de erros futuros.

Existem várias razões para priorizar a gestão da qualidade dos dados na governança de dados. Em primeiro lugar, dados de alta qualidade são essenciais para a tomada de decisões informadas. Tomar decisões com base em informações imprecisas, inconsistentes ou desatualizadas pode levar a resultados inadequados e prejuízos financeiros.

Garantir que os dados sejam precisos, confiáveis e relevantes é crucial para obter insights significativos e tomar decisões acertadas.

Além disso, a gestão da qualidade dos dados contribui para a eficiência operacional e a produtividade da instituição. Dados de baixa qualidade podem resultar em retrabalho, processos ineficientes e problemas de integração entre sistemas.

Por outro lado, dados de alta qualidade melhoram a eficiência dos processos, reduzem erros e retrabalho, e proporcionam uma base sólida para análises e inovação.

A gestão da qualidade dos dados também desempenha um papel importante na conformidade regulatória e no gerenciamento de riscos. Muitas regulamentações, como a Lei Geral de Proteção de Dados (LGPD), exigem a precisão e a atualização dos dados pessoais.

Além disso, dados de baixa qualidade podem levar a decisões equivocadas e não conformidade com políticas e padrões internos, resultando em riscos legais, reputacionais e financeiros.

Outra razão para priorizar a gestão da qualidade dos dados é o avanço da análise de dados e da inteligência artificial (IA). Essas tecnologias dependem de dados precisos e confiáveis para fornecer resultados valiosos e insights acionáveis.

Sem uma gestão adequada da qualidade dos dados, as instituições podem enfrentar desafios na implementação efetiva de análises e IA limitando seu potencial de inovação e competitividade.

9.1   Impactos da gestão da qualidade dos dados.

1   Tomada de decisões informadas: decisões baseadas em dados de baixa qualidade podem levar a resultados inadequados e até mesmo a perdas financeiras. Por exemplo, uma decisão estratégica baseada em dados desatualizados ou imprecisos pode resultar em um investimento inadequado ou em uma má alocação de recursos.

2   Eficiência operacional: a qualidade dos dados está diretamente relacionada à eficiência dos processos internos. Dados incorretos ou inconsistentes podem causar retrabalho, erros em processos de integração de sistemas e aumentar a complexidade nas operações cotidianas.

3   Conformidade regulatória e gerenciamento de riscos: regulações como a Lei Geral de Proteção de Dados (LGPD) no Brasil e o Regulamento Geral de Proteção de Dados (GDPR) na União Europeia exigem que as instituições mantenham dados precisos e atualizados, especialmente no que diz respeito a informações pessoais. Dados de baixa qualidade podem levar à não conformidade, o que resulta em penalidades legais e riscos à reputação.

4   Análise de dados e inteligência artificial: tecnologias avançadas, como IA, dependem de dados de alta qualidade para fornecer resultados confiáveis e insights acionáveis. Dados inadequados podem distorcer os resultados e limitar o potencial dessas tecnologias, afetando negativamente a inovação e a competitividade.

9.2   Estudos de caso.

1   Experian – Melhoria da qualidade dos dados em serviços financeiros.

A Experian, uma das maiores empresas de serviços de crédito e análise de dados do mundo, enfrentava desafios relacionados à qualidade dos dados, o que impactava a precisão das informações oferecidas aos seus clientes.

Para resolver esse problema, a empresa implementou uma solução abrangente de gestão da qualidade dos dados que envolvia técnicas de deduplicação, limpeza e enriquecimento de dados.

Como resultado, a Experian conseguiu melhorar significativamente a qualidade das informações oferecidas a bancos e instituições financeiras, o que, por sua vez, permitiu que essas organizações tomassem decisões mais acertadas sobre concessões de crédito.

A melhoria na qualidade dos dados também ajudou a Experian a otimizar seus processos internos, aumentando a produtividade e a eficiência operacional.

2   GE Aviation – Melhoria contínua na qualidade dos dados de manutenção de aeronaves.

A GE Aviation, líder global em fabricação de motores a jato, tinha um grande volume de dados operacionais relacionados à manutenção e ao desempenho de suas aeronaves. No entanto, a qualidade desses dados era inconsistente, o que dificultava a tomada de decisões rápidas e precisas sobre reparos e manutenções.

A GE implementou um sistema robusto de gestão da qualidade dos dados, que incluía o monitoramento contínuo e processos de enriquecimento e padronização dos dados. Isso permitiu à empresa detectar falhas potenciais com maior precisão e rapidez, melhorando a segurança e a eficiência na manutenção das aeronaves.

A alta qualidade dos dados ajudou a reduzir os tempos de inatividade, aumentar a confiabilidade dos motores e otimizar os custos de operação.
3   IBM – Gestão da qualidade dos dados para IA e Analytics.

A IBM, uma das maiores empresas de tecnologia do mundo, reconheceu que os projetos de IA dependem inteiramente de dados de alta qualidade. Em um projeto específico, a IBM estava desenvolvendo modelos preditivos baseados em IA para o setor de saúde.

Contudo, o sucesso desses modelos foi inicialmente limitado devido a problemas com a qualidade dos dados, como lacunas, dados inconsistentes e redundâncias.

A IBM adotou uma abordagem de gestão contínua da qualidade dos dados, que incluía o uso de ferramentas avançadas de profiling de dados, deduplicação e enriquecimento de informações.

A implementação dessas práticas permitiu melhorar a precisão dos modelos preditivos e fornecer resultados mais confiáveis e precisos para os clientes do setor de saúde.

Além disso, a melhoria na qualidade dos dados possibilitou que a IBM atendesse a regulamentações rigorosas do setor, como as regras de privacidade de dados da Health Insurance Portability and Accountability Act (HIPAA).

4   Netflix – Qualidade de dados no recomendador de conteúdo.

A Netflix, plataforma de streaming mundialmente conhecida, depende fortemente da precisão e relevância dos dados para personalizar as recomendações de conteúdo para seus usuários.

Inicialmente, a empresa enfrentava problemas de dados fragmentados e inconsistentes, que resultavam em recomendações imprecisas e baixa taxa de engajamento do usuário.

Para resolver isso, a Netflix investiu em uma infraestrutura de gestão da qualidade dos dados, que incluiu técnicas de padronização e deduplicação de grandes volumes de dados.

Com isso, a empresa conseguiu melhorar significativamente a experiência do usuário, fornecendo recomendações mais precisas e personalizadas, o que resultou em um aumento substancial na retenção e satisfação dos assinantes.

10 Quando o dado assume uma função de capital estratégico para as organizações.

Através da governança de dados, surge a necessidade imperativa de definir, estruturar e controlar quais dados devem ser efetivamente governados. Não basta apenas acumular dados em repositórios digitais; é preciso reconhecer a natureza dos dados que se qualificam como elementos cruciais para a sustentabilidade e competitividade das instituições.

Esse processo é permeado por desafios filosóficos, técnicos e éticos que exigem uma reflexão crítica acerca dos princípios que orientam a governança de dados em um ambiente dominado pela IA.

10.1 Dados estruturados e não estruturados: os desfios da governança.

Um dos primeiros pontos a ser considerado em qualquer discussão sobre governança de dados é a distinção entre dados estruturados e não estruturados. Dados estruturados são aqueles organizados em formato fixo, geralmente armazenados em bancos de dados relacionais, como números de identificação de clientes, registros de vendas, ou informações de inventário.

Esses dados são tradicionalmente considerados mais fáceis de governar devido à sua natureza previsível e à existência de sistemas bem estabelecidos para sua coleta, armazenamento e análise.

Entretanto, o crescimento exponencial de dados não estruturados apresenta novos desafios para a governança. Fotografias, vídeos, documentos de texto, e-mails, dados de redes sociais e outros formatos não convencionais compõem uma enorme parcela dos dados que circulam em organizações contemporâneas.

Esses dados não seguem padrões organizados, tornando sua análise e governança mais complexas. No entanto, é inegável seu valor estratégico, especialmente para a IA, que utiliza técnicas avançadas de processamento de linguagem natural e visão computacional para extrair informações valiosas de grandes volumes de dados não estruturados.

A questão fundamental que emerge é: quais dados devem ser priorizados na governança, especialmente quando as organizações lidam com volumes tão vastos e variados?

A resposta depende, em grande parte, dos objetivos estratégicos da organização e da capacidade de reconhecer o valor intrínseco de certos conjuntos de dados em relação a outros.

10.2   Dados pessoais e sensíveis: o desafio ético e legal.

A ascensão da IA traz à tona questões éticas e legais que tornam certos tipos de dados particularmente relevantes para a governança.

Dados pessoais e sensíveis, como informações de saúde, dados biométricos e históricos financeiros, são exemplos paradigmáticos de dados que exigem um rigor maior em termos de governança, devido às implicações éticas e à necessidade de conformidade com regulamentações, como o Regulamento Geral de Proteção de Dados (GDPR) na União Europeia.

As legislações de proteção de dados exigem que as organizações adotem práticas robustas para garantir a segurança, a confidencialidade e o uso adequado de dados pessoais.

Neste cenário, a governança de dados precisa priorizar esses dados não apenas pela necessidade de conformidade regulatória, mas também pela importância ética de proteger os direitos e a privacidade dos indivíduos.

As penalidades impostas por violações dessas regulamentações podem ser severas, tanto em termos financeiros quanto em termos de danos à reputação, o que reforça a importância de uma governança cuidadosa e proativa desses dados.

Um exemplo prático pode ser encontrado no caso da empresa British Airways, que foi multada em £183 milhões em 2019 por não proteger adequadamente os dados pessoais de seus clientes, violando o GDPR.

A falha na governança de dados custou à empresa não apenas uma multa significativa, mas também uma perda substancial de confiança dos consumidores. Este exemplo destaca a importância de governar dados pessoais com o mais alto nível de cuidado, integridade e conformidade.

10.3   Dados operacionais e estratégicos: prioridades na Governança de Dados.

Outro aspecto importante a ser considerado é a distinção entre dados operacionais e dados estratégicos. Dados operacionais são aqueles que sustentam as atividades diárias da organização, como transações de venda, registros de inventário e gestão de recursos humanos.

Esses dados, embora cruciais para o funcionamento cotidiano da organização, muitas vezes possuem um ciclo de vida curto e não são necessariamente preservados para análises de longo prazo.

Em contrapartida, dados estratégicos são aqueles que proporcionam insights que ajudam a orientar as decisões de longo prazo da organização. Esses dados são frequentemente utilizados para análises preditivas, modelagem de negócios e desenvolvimento de estratégias de mercado.

A governança de dados precisa, portanto, concentrar seus esforços em garantir a qualidade e acessibilidade desses dados estratégicos, pois são eles que determinam a capacidade da organização de inovar e competir no cenário global.

Um exemplo instrutivo é o da Netflix, que usa extensivamente dados estratégicos para desenvolver seus algoritmos de recomendação. A empresa coleta e governa de forma eficaz grandes volumes de dados de visualização de usuários, como padrões de consumo de conteúdo e preferências individuais, para personalizar a experiência de cada usuário.

A análise desses dados estratégicos permitiu que a Netflix mantivesse sua posição dominante no mercado de streaming, ao mesmo tempo em que melhora continuamente sua oferta de conteúdo.

10.4   A Governança de dados na IA: O valor dos dados de treinamento.

No contexto da IA, os dados de treinamento representam uma categoria especial que merece atenção redobrada dentro da governança de dados. Esses dados são utilizados para "ensinar" algoritmos de IA a identificar padrões, fazer previsões e tomar decisões automatizadas.

A qualidade, diversidade e representatividade dos dados de treinamento são fatores críticos que influenciam diretamente a eficácia dos modelos de IA.

Entretanto, os desafios éticos e práticos da governança desses dados são imensos. Um exemplo notável é o caso da Amazon, que teve que descontinuar o uso de uma ferramenta de recrutamento baseada em IA após descobrir que o modelo estava enviesado contra candidatas do sexo feminino.

O viés presente nos dados de treinamento levou o algoritmo a penalizar currículos que mencionavam termos associados a mulheres, demonstrando como dados mal governados podem perpetuar preconceitos e distorcer resultados.

A governança eficaz de dados de treinamento envolve garantir a diversidade dos dados e implementar medidas para mitigar vieses. Além disso, é crucial que as organizações mantenham uma transparência sobre como os dados de treinamento são selecionados e utilizados, especialmente quando os modelos de IA influenciam decisões que impactam diretamente a vida das pessoas.

10.5   Dados legados: desafios e oportunidades na governança.

A governança de dados legados — aqueles dados acumulados ao longo de muitos anos e muitas vezes armazenados em sistemas obsoletos — apresenta um desafio particular para as organizações.

Dados legados são frequentemente não padronizados, incompletos e difíceis de integrar com sistemas modernos. No entanto, esses dados podem conter um valor histórico significativo e informações que podem ser utilizadas para análises de longo prazo ou para fins de conformidade.

A General Electric (GE) oferece um exemplo claro dos desafios associados à governança de dados legados. A empresa, com uma história que remonta ao século XIX, acumulou vastos volumes de dados ao longo das décadas.

Em vez de descartar esses dados ou deixá-los inexplorados, a GE investiu em iniciativas de governança de dados para digitalizar, padronizar e integrar seus dados legados em sistemas de análise modernos, utilizando-os para otimizar operações e aumentar a eficiência em seus processos industriais.

Neste contexto, a governança de dados legados não é apenas uma questão de manter a conformidade ou preservar o histórico institucional; é uma oportunidade de transformar dados aparentemente obsoletos em ativos valiosos para a inovação e a transformação digital.

11 Governança de dados versus gestão de dados.

Ao se tratar da governança de dados é importante diferenciá-la da gestão de dados devido à importância destes conceitos na área de gerenciamento de informações. Enquanto algumas pessoas podem usar esses termos de forma intercambiável, eles têm definições e objetivos distintos.

Em termos simples, a governança de dados é o conjunto de políticas, processos, diretrizes e estruturas organizacionais que são estabelecidos para garantir o uso eficaz e eficiente dos dados em uma instituição.

Ela visa estabelecer um quadro de responsabilidades e tomadas de decisão para garantir que os dados sejam adequadamente gerenciados, protegidos, devidamente utilizados e alinhados aos objetivos estratégicos e regulamentações aplicáveis.

A governança de dados está relacionada à definição de políticas organizacionais em relação à qualidade, segurança, privacidade, integridade, consistência e usabilidade dos dados.

Ela envolve a criação de regras e regulamentos para orientar as atividades de coleta, armazenamento, manutenção, compartilhamento e descarte de dados ao longo de seu ciclo de vida.

Além disso, a governança de dados também trata da definição de papéis e responsabilidades para as partes interessadas relevantes, bem como de mecanismos de monitoramento e conformidade.

A gestão de dados se concentra nos aspectos operacionais do gerenciamento das informações. Ela engloba as atividades práticas envolvidas na coleta, armazenamento, organização, limpeza, análise e uso dos dados para apoiar os processos de negócios e tomar decisões informadas.

A gestão de dados envolve o uso de tecnologias, ferramentas e metodologias para garantir que os dados estejam corretamente estruturados, padronizados e disponíveis para os usuários autorizados.

A gestão de dados abrange a manutenção de bancos de dados, implementação de políticas de segurança e backup, integração de dados de diferentes fontes, garantia da qualidade dos dados e disponibilização de informações relevantes para as partes interessadas.

Ela se concentra no dia a dia do gerenciamento operacional dos dados, visando garantir que eles estejam atualizados, corretos, acessíveis e entregues no formato certo e na hora certa.

É possível concluir-se que a governança de dados define as diretrizes e estruturas organizacionais para garantir uma gestão efetiva dos dados, enquanto a gestão de dados se concentra nas atividades práticas e operacionais relacionadas à coleta, armazenamento, organização e uso diário dos dados.

Esses dois conceitos estão inter-relacionados e são complementares, pois, uma governança eficaz é fundamental para garantir o sucesso da gestão de dados em qualquer instituição.

11.1   A governança de dados na Amazon.

Muitas corporações, em algum momento de sua trajetória, iniciam um processo de governança de dados.

Esse movimento pode ser desencadeado de forma reativa, quando percebem discrepâncias nos indicadores fundamentais, como "vendas por mês", que variam entre diferentes áreas, ou de forma proativa, na busca por alinhar práticas a modelos mais formais que estimulem a evolução.

Em ambos os cenários, as dimensões do modelo de governança de dados proposto pela DAMA (Global Data Management Community) oferecem uma estrutura de referência que orienta as organizações na concentração de esforços para gerenciar dados ao longo de seu ciclo de vida.

No entanto, é imprescindível que as diretrizes delineadas pelas dimensões da DAMA sejam implementadas e incorporadas à rotina operacional para que efetivamente produzam os resultados almejados.

12 Vantagens da implantação da governança de dados.

A adoção de uma gestão orientada a dados segue a tendência de aumento do valor dos dados, em decorrência das análise e decisões potencializadas por ela. Governos inteligentes utilizam dados para tornar sua operação mais eficiente e fornece ferramentas para enfrentar os desafios sociais.

Para implementar a Governança de Dados na Prefeitura de Belo Horizonte é preciso focar nos objetivos estratégicos (segurança, qualidade, acesso, uso, organização dos dados etc.), considerando os benefícios gerados por ela.

Principais benefícios da implantação da governança de dados:

1 Melhora na qualidade dos dados. A governança de dados estabelece políticas e processos para garantir a qualidade e a integridade dos dados em toda a instituição. Isso significa que os dados são consistentes, precisos e confiáveis, o que pode levar a decisões mais informadas e eficazes.

2 Transparência e prestação de contas. A governança de dados promove a transparência ao fornecer acesso aos dados para os cidadãos e partes interessadas. Isso permite que eles monitorem as atividades da instituição, verifiquem a conformidade com as políticas e exijam prestação de contas quando necessário.

3 Melhoria nos serviços públicos. Com a governança de dados, é possível obter uma visão mais abrangente das informações em toda a instituição. Isso permite identificar tendências, padrões e áreas de melhoria nos serviços públicos. Com base nessas informações, é possível tomar decisões mais embasadas e

implementar mudanças que levem a melhores resultados para os cidadãos.

4   Redução de Riscos. A Governança de Dados potencializa o conhecimento e implementação de métodos e técnicas no sentido de identificação, mitigação e contingência dos riscos.

5   Eficiência operacional. A governança de dados estabelece processos padronizados para coleta, armazenamento e gerenciamento de dados.

Isso pode levar a uma maior eficiência operacional, reduzindo redundâncias e ineficiências na coleta e no uso de dados.

Além disso, a padronização permite a integração de sistemas e a colaboração entre diferentes departamentos dentro da instituição.

6   Tomada de decisões baseadas em dados. Com a implementação de governança de dados, a instituição terá acesso a um conjunto de dados confiáveis e atualizados.

Essas informações embasarão a tomada de decisões mais informadas e fundamentadas. A

análise de dados pode ajudar a identificar tendências, padrões e desafios, garantindo que ações sejam tomadas com base em evidências sólidas.

7   Colaboração e compartilhamento de dados. A governança de dados facilita a colaboração e o compartilhamento de dados entre departamentos e entidades da instituição.

Isso é especialmente relevante para promover a interoperabilidade entre diferentes sistemas e melhorar a integração de serviços.

Compartilhar dados de maneira segura e adequada pode levar a uma maior eficiência administrativa e resultados mais abrangentes para a comunidade.

8   Segurança da informação. A governança de dados inclui medidas de segurança para proteger as informações sensíveis da instituição.

Isso garante que os dados estejam protegidos contra acessos não autorizados, vazamentos ou ataques cibernéticos. Ao implementar práticas de segurança robustas, a instituição pode evitar riscos e proteger a privacidade dos cidadãos.

9   Melhor planejamento urbano. Com a governança de dados, a instituição terá acesso a informações precisas e atualizadas sobre a cidade e seus cidadãos.

Isso pode ajudar no planejamento urbano, permitindo identificar áreas com necessidades específicas, desenvolver estratégias de desenvolvimento mais eficientes e melhorar a qualidade de vida da população.

10 Participação cidadã. A governança de dados pode envolver os cidadãos de forma ativa no processo de tomada de decisões. Ao compartilhar informações e dados relevantes, a instituição pode promover a participação cidadã e engajar os moradores na formulação de políticas públicas. Isso fortalece a democracia local e melhora a governança em geral.

11 Inovação e desenvolvimento econômico. Com o acesso a dados confiáveis, as instituições podem incentivar a inovação e o desenvolvimento econômico.

O conhecimento aprofundado sobre a cidade, como fluxos de tráfego, necessidades de infraestrutura ou demandas sociais, pode permitir a criação de programas e políticas que impulsionem setores estratégicos e estimulem a economia local.

12 Redução de custos e desperdício. A governança de dados ajuda a instituição a identificar e eliminar redundâncias, ineficiências e desperdícios.

Através da análise de dados, é possível identificar áreas onde os recursos podem ser realocados de forma mais eficiente, resultando em economia financeira e otimização dos serviços públicos.

13 Riscos mitigados pela implantação da governança de dados.

A implantação da governança de dados traz consigo uma série de benefícios, entre eles a mitigação de riscos relacionados à qualidade, segurança e conformidade dos dados.

Um dos principais riscos enfrentados pelas instituições hoje em dia é a falta de qualidade dos dados. Dados inconsistentes, desatualizados ou incompletos podem levar a decisões equivocadas e perda de oportunidades.

Com a governança de dados, é possível estabelecer processos e controles para garantir que os dados sejam corretos, consistentes e confiáveis. Por meio da definição de regras de validação, padronização e monitoramento contínuo, é possível identificar e corrigir problemas de qualidade antes que eles se tornem grandes obstáculos.

Outro risco significativo é a segurança dos dados. Com a crescente ameaça de ataques cibernéticos, proteger as informações sensíveis é essencial para qualquer instituição. A governança de dados estabelece mecanismos de segurança, políticas de acesso e controle de privacidade para evitar vazamentos ou acesso não autorizado aos dados.

Além disso, a implementação de processos de backup e recuperação de dados garante que, em caso de incidentes, as informações possam ser restauradas de forma rápida e eficiente.

A conformidade com regulamentações e leis de proteção de dados também é um fator crítico. Instituições que não estão em conformidade correm o risco de penalidades financeiras, além da perda de confiança dos clientes.

Com a governança de dados, é possível estabelecer políticas e procedimentos para garantir a conformidade com as regulamentações pertinentes.

Isso inclui a documentação adequada, a revisão e o monitoramento regular das práticas de proteção de dados, bem como a realização de auditorias internas e externas para assegurar o cumprimento das normas.

Outro risco que pode ser mitigado pela governança de dados é a falta de integridade dos dados. Quando os dados são manipulados de forma inadequada ou incorreta, pode haver perda de valor e confiabilidade das informações.

A governança de dados estabelece diretrizes claras para a criação, manuseio e atualização dos dados, garantindo que sejam precisos, completos e atualizados.

Além disso, a definição de papéis e responsabilidades claras dentro da instituição assegura que todos os envolvidos estejam cientes de suas obrigações e que a integridade dos dados seja preservada.

A eficácia da governança de dados também pode ser observada na mitigação do risco de dependência excessiva de indivíduos-chave.

Muitas vezes, as instituições enfrentam a situação em que apenas algumas pessoas possuem conhecimento profundo dos dados e processos que envolvem esses dados. Isso cria um risco significativo, já que a perda desses indivíduos pode levar a lacunas de conhecimento e dificuldades para dar continuidade aos negócios.

A governança de dados busca disseminar o conhecimento e estabelecer processos e documentação adequados, diminuindo assim a dependência excessiva de pessoas específicas.

Um dos riscos mais comuns em instituições que produzem muitos dados é a duplicação de dados, que pode levar a problemas como falta de uniformidade, inconsistências e incongruências nas informações.

A governança de dados permite que as instituições estabeleçam políticas e procedimentos para a gestão e controle de dados duplicados. Isso inclui a identificação e remoção de duplicatas, bem como a definição de regras para evitar a criação de novas cópias desnecessárias.

Com a implementação dessas práticas, a governança de dados ajuda a melhorar a qualidade e a integridade dos dados, reduzindo assim o risco associado às informações duplicadas ou imprecisas.

Outro risco significativo é a falta de padronização dos dados, o que pode dificultar a análise e a interpretação correta das informações.

Com a governança de dados, é possível definir padrões e diretrizes para a coleta, armazenamento e uso de dados em toda a instituição. Isso inclui a padronização de formatos, terminologia, códigos e metadados, garantindo consistência e uniformidade nas informações.

Ao eliminar a ambiguidade e a confusão causadas pela falta de padronização, a governança de dados ajuda a reduzir erros e aprimorar a qualidade dos dados.

A falta de documentação adequada dos processos de gestão de dados é outro risco que pode ser minimizado pela governança de dados.

Muitas vezes, as instituições enfrentam dificuldades em compreender e rastrear os fluxos de dados em suas operações. Ao adotar práticas de governança de dados, as instituições são incentivadas a documentar e manter registros detalhados de todos os processos de gestão de dados.

Isso inclui a documentação de fluxos de dados, responsabilidades e papéis dos envolvidos, bem como as políticas e procedimentos adotados. Com a documentação adequada, a governança de dados aumenta a transparência e facilita a identificação e solução de problemas relacionados aos dados.

A falta de conscientização e comunicação sobre a importância dos dados em toda a instituição pode gerar riscos que também são mitigados pela governança de dados.

Quando os colaboradores não entendem a importância de coletar, armazenar e usar os dados de maneira adequada, podem ocorrer erros e práticas inadequadas.

A governança de dados envolve a conscientização e a capacitação dos funcionários sobre a importância da governança de dados e a adoção de melhores práticas. Ao promover uma cultura de dados na instituição, a governança de dados ajuda a reduzir a possibilidade de erros e comportamentos inadequados relacionados aos dados.

14 O que não é governança de dados.

A expressão "governança" possui várias aplicações no âmbito da administração. Ela pode ser utilizada de forma corporativa ou em relação à proteção dos dados pessoais, por exemplo. O escopo da governança varia conforme a situação, sendo exclusivo no caso da governança de dados.

É relativamente comum haver uma falta de compreensão no mercado de que essa disciplina está voltada para uma área específica. Na verdade, a governança de dados atua de forma holística e contribui para o desempenho da empresa como um todo.

Ao contrário do que se pode pensar, o objetivo da governança de dados não está na execução, mas sim na coordenação de todas as demandas relacionadas à gestão dos dados. Essas demandas incluem responsabilidades, normas e processos, como mencionado anteriormente.

Podemos considerar a governança de dados como a gestão da gestão dos dados, por meio de funções como monitoramento e auditorias.

Em termos de o que não é governança de dados, podemos considerar algumas situações:

1. Falta de políticas e diretrizes claras: se uma instituição não possui políticas claras sobre como os dados devem ser coletados, armazenados e utilizados, não há uma governança efetiva em vigor.

2. Ausência de responsabilidade: se não há responsáveis designados para gerenciar e supervisionar a governança de dados, com a autoridade necessária para tomar decisões e

implementar políticas, a governança de dados não está sendo adequadamente aplicada.

3. Falta de conformidade regulatória: a governança de dados tem como objetivo garantir que as práticas de uma instituição estejam em conformidade com as regulamentações e leis aplicáveis. Portanto, se uma instituição não estiver cumprindo as exigências regulatórias em relação aos dados, sua governança de dados será deficiente.

4. Uso inadequado dos dados: se uma instituição não está aplicando práticas de privacidade, segurança e ética na utilização dos dados, isso indica uma lacuna na governança de dados. O uso indevido ou não autorizado dos dados pode levar a problemas legais e reputacionais.

15 Princípios da governança de dados.

A governança de dados é baseada em uma série de princípios que visam orientar o gerenciamento eficaz dos dados em uma instituição. Esses princípios são fundamentais para garantir a qualidade, a integridade e a segurança dos dados, promovendo também o uso responsável e ético das informações.

Um dos princípios-chave é a responsabilidade e prestação de contas. Isso implica atribuir a gestão adequada dos dados a pessoas e departamentos específicos na instituição, além de garantir a responsabilização por decisões e ações relacionadas aos dados.

A transparência é outro princípio crucial, onde as políticas, os processos e as práticas de governança de dados devem ser claros, compreensíveis e acessíveis a todos os membros da instituição. Isso permite que todos entendam como os dados são coletados, armazenados, usados e compartilhados.

A integridade dos dados é essencial para a governança eficaz. Isso significa que os dados devem ser precisos, confiáveis e atualizados. É importante estabelecer controles para garantir a qualidade dos dados, incluindo validação e verificação regular das informações.

A segurança dos dados é um aspecto fundamental da governança. É necessário implementar medidas adequadas para proteger os dados contra acesso não autorizado, perda, roubo ou corrupção. Isso inclui políticas de segurança, uso de criptografia, definição de controles de acesso e realização de auditorias regulares.

O princípio do consentimento e privacidade diz respeito ao respeito aos direitos dos indivíduos cujos dados estão sendo coletados. É importante obter consentimento adequado para a coleta e o uso dos dados, além de garantir a proteção da privacidade das pessoas por meio de práticas adequadas de gerenciamento de dados.

A governança de dados visa controlar e limitar o acesso e o compartilhamento dos dados apenas às pessoas autorizadas, garantindo assim a confidencialidade e a confiabilidade das informações.

Além disso, é essencial monitorar e avaliar continuamente a governança de dados para garantir a conformidade com as leis, regulamentos e políticas aplicáveis. Isso inclui auditorias internas, implementação de mecanismos de relatórios e adoção de medidas para lidar com qualquer incidente ou violação de dados.

Outros princípios importantes são a qualidade e padronização dos dados, garantindo que estejam corretos, completos e consistentes, além de estabelecer diretrizes para coleta, armazenamento e gerenciamento adequados dos dados.

O ciclo de vida dos dados também é um princípio relevante, que trata de gerenciar os dados desde a criação ou coleta, passando pelo armazenamento, uso e compartilhamento, até sua retenção ou exclusão. É essencial ter políticas e processos claros para cada fase do ciclo de vida dos dados, levando em consideração as leis e regulamentos aplicáveis.

A capacitação e conscientização dos membros da instituição são fundamentais para a governança de dados. Isso inclui treinamentos, comunicação eficaz e a criação de uma cultura organizacional que valorize a importância da governança de dados.

A gestão de riscos também desempenha um papel integral na governança de dados. É necessário identificar e avaliar os riscos associados aos dados, como perda, violação de privacidade ou informações inadequadas, e desenvolver estratégias e soluções para mitigar esses riscos.

Por fim, é importante permitir a inovação e flexibilidade, adaptando a governança de dados às mudanças tecnológicas e de negócios. Os princípios devem ser sólidos o suficiente para garantir conformidade e segurança, ao mesmo tempo em que permitem a adoção de novas tecnologias e práticas.

16 Diferença entre governança de dados para bases de dados relacionais e nosql.

A governança de dados é um conjunto de práticas e políticas que garantem a qualidade, segurança, integridade e conformidade dos dados em uma organização ou sistema.

Aqui estão algumas diferenças-chave na governança de dados entre bases de dados relacionais e NoSQL baseados em grafos:

1. Modelo de Dados e Esquema.

   Bases de Dados Relacionais. Seguem um modelo de dados rígido e estruturado, com um esquema pré-definido que define a estrutura, tipos de dados e relacionamentos entre tabelas.

   Bancos de Dados NoSQL Baseados em Grafos. Permitem uma estrutura mais flexível e dinâmica, onde os relacionamentos são tratados como cidadãos de primeira classe e podem ser facilmente adicionados ou modificados conforme necessário.

2. Escalabilidade e Consistência.

   Bases de Dados Relacionais. Tendem a ter menos escalabilidade horizontal e podem ser mais propensas a problemas de consistência em ambientes altamente distribuídos.

   Bancos de Dados NoSQL Baseados em Grafos. São projetados para escalabilidade horizontal facilitada e oferecem modelos consistentes para manipulação de dados em ambientes distribuídos.

3. Consultas e Desempenho.

    Bases de Dados Relacionais. Muitas vezes otimizadas para consultas SQL complexas que envolvem múltiplas tabelas e junções.

    Bancos de Dados NoSQL Baseados em Grafos. Oferecem uma forma eficiente de representar e consultar relacionamentos complexos entre os dados, favorecendo casos de uso em que as conexões entre os elementos são cruciais.

4. Segurança e Conformidade:

    Bases de Dados Relacionais: Tendem a ter sistemas de segurança mais maduros e são amplamente usadas em ambientes corporativos que exigem conformidade com regulamentações.

    Bancos de Dados NoSQL Baseados em Grafos: Também podem oferecer recursos de segurança robustos, porém, alguns sistemas NoSQL podem exigir medidas adicionais de segurança devido à sua arquitetura distribuída e flexível.

5. Governança de Dados.

    Bases de Dados Relacionais. Geralmente possuem uma governança de dados mais estruturada e formalizada, com diretrizes claras para a definição de esquemas, restrições de integridade e segurança dos dados.

    Bancos de Dados NoSQL Baseados em Grafos. Permitem uma governança mais flexível e adaptável, com menos restrições rígidas de esquema e maior capacidade de evolução conforme novos requisitos de dados surgem.

Portanto, a governança de dados para bases de dados relacionais e NoSQL baseados em grafos pode variar significativamente devido às diferenças em seus modelos de dados, arquiteturas e requisitos de negócios.

Ambos os tipos de bancos de dados requerem estratégias específicas de governança de dados para garantir a qualidade, integridade e segurança dos dados armazenados, adaptadas às suas respectivas características e necessidades.

17 Ferramentas e tecnologias de governança de dados.

A crescente integração de tecnologias de inteligência artificial (IA) nos processos empresariais tem elevado a importância de uma governança de dados sólida.

A governança de dados compreende um conjunto de práticas recomendadas destinadas a garantir a alta qualidade, a segurança e a privacidade dos dados, bem como a sua utilização eficaz e eficiente.

Em seu livro "Data Governance", Thomas C. Redman (2008), um dos pioneiros na área de qualidade de dados, destaca a importância de considerar a governança de dados como uma disciplina essencial para o sucesso empresarial no ambiente digital atual: "Data governance is the full body of practices, more than just data quality, necessary to guarantee that data-driven decisions are sound" (Redman, 2008, p. 42).

As ferramentas de governança de dados precisam facilitar o gerenciamento, a monitorização e a proteção do patrimônio informativo das empresas.

Por exemplo, autores como Otto e Weber sugerem que "Data governance tools should support the definition, implementation, and enforcement of policies and procedures that are formulated to help ensure the integrity, quality, and security of the data" (Otto & Weber, 2013, p. 110).

No contexto das melhores práticas, o uso de técnicas de metadados e linhagem de dados é crucial. Sunil Soares (2013), em "Big Data Governance", salienta a relevância dos metadados: "Metadata management is at the heart of data governance because it provides context and lineage for the data" (Soares, 2012, p. 89).

A representação gráfica da linhagem de dados não só auxilia no entendimento do fluxo de dados, mas também promove a rastreabilidade e a transparência.

A segurança da informação e a privacidade dos dados também são aspectos vitais na governança de dados, especialmente em era de regulamentos rigorosos como o GDPR na Europa.

Smith (2019), sublinha a interligação entre governança de dados e conformidade: "Effective data governance programs are essential for any organization to manage data as an asset and to achieve compliance with the myriad of data protection regulations globally" (Smith, 2019, p. 35).

Assim, ferramentas de governança de dados devem ser robustas o suficiente para ajudar as organizações a se alinharem com normas regulatórias pertinentes, mantendo a transparência necessária.

Uma técnica emergente é a aplicação de inteligência artificial na própria governança de dados, onde algoritmos de aprendizado de máquina podem auxiliar na identificação de padrões incomuns e na automação de processos.

Conforme revelado pelo estudo de Thomas C. Redman e Donald D. Soares, "Application of AI in Data Governance", a IA pode ser um diferencial na eficiência das operações de governança de dados: "AI can process vast amounts of information to detect patterns and anomalies which might indicate breaches of data quality or security protocols" (Redman & Soares, 2021, p. 78).

A concretização de uma efetiva governança de dados em ambientes de IA requer a integração de várias ferramentas especializadas.

Entre as mais destacadas no mercado, conforme a pesquisa realizada por O'Neil e Schutt no livro "Doing Data Science", estão soluções de qualidade de dados, ferramentas de catálogo de dados, plataformas de linhagem de dados e sistemas de gerenciamento de metadados (O'Neil & Schutt, 2013, p. 212).

A implementação de uma governança de dados eficaz no contexto da inteligência artificial é multifatorial, envolvendo não apenas a adoção das ferramentas certas, mas também a internalização de práticas recomendadas e o comprometimento organizacional em todos os níveis.

À medida que avançamos na era digital, a governança de dados torna-se uma peça-chave para organizações que buscam não só a conformidade e a eficiência, mas também uma vantagem competitiva sustentável no mercado.

As organizações devem, portanto, buscar a constante atualização de suas práticas de conformidade e segurança de dados. John Ladley (2019), em seu livro "Data Governance: How to Design, Deploy, and Sustain an Effective Data Governance Program", reforça esta necessidade: "It is critical for organizations to keep pace with the rapidly changing data environment by continuously adapting their data governance frameworks".

A flexibilidade e a adaptabilidade de uma estratégia de governança de dados são, portanto, indicativos de sua efetividade a longo prazo.

A capacitação e o envolvimento dos stakeholders também são aspectos cruciais no que diz respeito à governança de dados eficiente.

No livro "The DAMA Guide to the Data Management Body of Knowledge", DAMA International elucida como o envolvimento dos stakeholders impacta diretamente a governança de dados: "Stakeholder engagement across the organization is key to the success of data governance efforts as it drives the recognition of data as a valuable asset" (DAMA, 2017, p. 72).

O engajamento e a colaboração entre diferentes departamentos garantem uma compreensão mais ampla do valor dos dados e promovem a consistência na aplicação das políticas de governança.

Cabe ainda mencionar a importância da educação e do treinamento contínuo para os profissionais envolvidos com a governança de dados. Brown (2018), ressalta a importância do desenvolvimento profissional na área: "Continuous education and training for data governance and management professionals are vital for maintaining the high standards required to manage data effectively".

Com a ampliação do volume de dados e seu crescente papel estratégico, a figura do Chief Data Officer (CDO) tem se tornado cada vez mais comum e relevante nas organizações.

A pesquisa de Debra Logan intitulada "The Emergence of the Chief Data Officer" evidencia a crescente relevância desse papel: "The rise of the Chief Data Officer (CDO) reflects the increasing need for strategic data leadership at the highest levels of the organization" (Logan, 2020, p. 47).

O CDO é fundamental para estabelecer uma cultura focada em dados, fornecendo liderança estratégica necessária para navegar os desafios associados com dados em um ambiente de negócios em constante mudança.

É essencial, portanto, que os CDOs e outros líderes empresariais estejam capacitados para implementar um programa de governança de dados que alinhe a gestão de dados com as metas organizacionais.

O livro "Data-Driven Leadership" de Andrew Wells e Kathy Chiang oferece uma perspectiva sobre este alinhamento: "The data governance framework must align with business objectives to ensure that the data supports the overarching goals of the company" (Wells & Chiang, 2016, p. 115).

Uma governança de dados bem alinhada não apenas protege a empresa, mas também facilita a sua capacidade de responder rapidamente a novas oportunidades e desafios.

Ao buscar excelência na governança de dados, as organizações encontram um balanço entre inovação e controle, assegurando que o valor dos dados possa ser maximizado enquanto os riscos são mitigados.

Foster Provost e Tom Fawcett, no livro "Data Science for Business", sublinham a necessidade deste equilíbrio dinâmico: "While data governance aims to provide a structured data environment, it should also allow for flexibility to permit innovation and agility within data management practices" (Provost & Fawcett, 2013, p. 176).

A governança de dados bem-sucedida é aquela que, ao mesmo tempo, protege e viabiliza a inovação.

A governança de dados é um componente essencial no cenário moderno de negócios e desempenha um papel crítico em ambientes ricos em dados, em especial aqueles que integram capacidades de IA.

As organizações que aspiram a um modelo de governança de dados robusto devem considerar uma estratégia holística que abrange políticas, processos, pessoas e tecnologia.

É somente por meio de uma abordagem abrangente e alinhada com os objetivos estratégicos que a governança de dados pode efetivamente apoiar as funções organizacionais e liderar no sentido de uma maior eficiência, competitividade e conformidade regulatória.

Aptidões como monitorização, análise e gestão proativa de riscos de dados tornam-se competências centrais na profissão de governança de dados.

Jajodia et al., em "Handbook of Database Security: Applications and Trends", reiteram a importância do monitoramento contínuo de dados: "Continuous monitoring and risk assessment of data stores are crucial in detecting potential vulnerabilities and breaches in a timely manner" (Jajodia et al., 2008, p. 128).

Este monitoramento contínuo é vital para mitigar riscos e garantir que os dados permaneçam um ativo seguro e valoroso.

Além disso, a implementação de uma arquitetura de dados robusta é um facilitador chave para um bom regime de governança. O livro "Enterprise Data Architecture: How to navigate its landscape" de Dave Knifton (2014) destaca que: "A well-defined data architecture is the foundation upon which a solid data governance program is built, as it outlines the framework for data collection, storage, and dissemination" (Knifton, 2014, p. 85).

Uma arquitetura bem estruturada permite a criação de um ambiente em que os dados são manuseados consistentemente e com governança, proporcionando confiabilidade e integridade.

Finalizando, para que a governança de dados seja efetiva, é imperativo não apenas incorporar técnicas e ferramentas avançadas, mas também fomentar uma cultura de governança de dados em toda a organização.

Dessa forma, as empresas podem assegurar que os dados serão geridos como um ativo estratégico chave, potencializando as oportunidades e mitigando os riscos associados ao seu uso.

Como afirmado por Thomas Davenport e Laurence Prusak no livro "Information Ecology: Mastering the Information and Knowledge Environment", "Organizations that manage their data well will have a competitive edge over those that manage it poorly" (Davenport & Prusak, 1997, p. 120).

Em essência, a governança de dados é mais do que um conjunto de políticas ou procedimentos; é um elemento central do ecossistema de informações empresariais e uma prática estratégica que define o modo como as informações são percebidas, geridas e utilizadas.

Solidificar a governança de dados requer um entendimento de que é um processo contínuo, que evolui com o tempo, adaptando-se às novas tecnologias e mudanças regulatórias.

Como tal, a organização deve manter-se vigilante e diligente em suas práticas de governança. Wieczorek e Mertens, no livro "Data Governance: A Practical Guide", detalham a natureidade dinâmica da governança de dados, dizendo: "Data governance is not a one-time project but a long-term program that adapts and grows with business objectives and technological advancements" (Wieczorek & Mertens, 2019, p. 67).

Neste sentido, as organizações que estão à frente em suas práticas de governança de dados não só reconhecem e respeitam a importância dos dados em todos os aspectos de suas operações, mas também se empenham em permanecer atualizadas com as tendências emergentes, tecnologias e riscos.

Trata-se de fomentar uma cultura onde a qualidade dos dados e as práticas de governança estejam intrinsecamente ligadas à estratégia e aos objetivos operacionais da empresa.

Em face do exposto, percebemos que a implementação e a sustentação de processos de governança de dados exigem mais do que ferramentas e frameworks — requerem liderança, comprometimento e uma visão clara.

Assim, a governança de dados se apresenta como um pilar que suporta a integridade, a segurança e a utilidade dos ativos de dados, capacitando as organizações para tomar decisões baseadas em dados de maneira responsável e estratégica.

Diante dos desafios e oportunidades apresentados pelo cenário atual de dados e IA, as organizações que efetivamente abraçarem e integrarem práticas de governança de dados em seus núcleos estratégicos estarão melhores equipadas para prosperar na nova era digital.

18 Há dificuldades extremas.

A governança de dados desempenha um papel crucial no desenvolvimento e implementação de sistemas de inteligência artificial (IA), pois garante a qualidade, confiabilidade e ética dos dados utilizados para treinar e alimentar os algoritmos de IA.

No entanto, no contexto da IA, diversos problemas e desafios relacionados à governança de dados surgem, podendo impactar negativamente a eficácia e a confiabilidade dos modelos de IA.

Um dos problemas da governança de dados no contexto da IA é a qualidade dos dados. Conforme destacado por Davenport & Dyche (2013), "a qualidade dos dados é um fator crítico para o sucesso de projetos de IA, uma vez que modelos de IA são tão bons quanto os dados que os alimentam".

A falta de qualidade dos dados pode se manifestar de diversas formas e ter impactos significativos nos projetos de IA. Erros, lacunas, duplicações ou inconsistências nos dados podem levar a conclusões equivocadas e processos de tomada de decisão inadequados. Além disso, a presença de viés nos dados pode resultar em modelos de IA que reproduzem e amplificam preconceitos e desigualdades existentes na sociedade.

A qualidade dos dados é crucial não apenas para as etapas iniciais de treinamento e desenvolvimento de modelos de IA, mas também para garantir a robustez e a precisão do sistema ao longo do tempo.

Modelos de IA são projetados para aprender com os dados disponíveis e, portanto, a qualidade desses dados determina a capacidade do modelo de generalizar padrões e tomar decisões acuradas em novos contextos.

Para lidar com os desafios relacionados à qualidade dos dados na IA, é essencial implementar práticas de governança de dados sólidas, que envolvam a coleta, preparação, revisão e monitoramento contínuo dos dados utilizados nos projetos de IA.

A garantia da qualidade dos dados desde sua origem até a aplicação nos algoritmos de IA é fundamental para assegurar resultados confiáveis, precisos e éticos.

Além disso, a privacidade e a segurança dos dados são questões centrais na governança de dados em projetos de IA. Conforme destacado por Kroll et al. (2017), a proteção da privacidade dos dados é essencial para assegurar a confiança dos usuários e para garantir a conformidade com regulamentações e leis de proteção de dados.

O uso de dados sensíveis ou pessoais em modelos de IA sem os devidos mecanismos de proteção pode resultar em violações de privacidade e expor os indivíduos a riscos significativos de segurança.

Dados sensíveis ou pessoais incluem informações que, se expostas, podem causar danos aos indivíduos, tais como informações médicas, financeiras, informações de identificação pessoal, histórico criminal, entre outros.

O manuseio inadequado desses dados pode levar a consequências adversas, como o uso indevido das informações, discriminação, fraudes ou vazamento de dados, impactando diretamente a privacidade e segurança dos indivíduos.

Em projetos de IA, onde a coleta e o processamento de grandes volumes de dados são comuns, a proteção da privacidade e a segurança dos dados tornam-se ainda mais críticas.

É vital que as organizações implementem medidas de segurança robustas, como criptografia, anonimização, controle de acesso e monitoramento, para garantir a confidencialidade e integridade das informações e prevenir acessos não autorizados.

Além disso, a conformidade com regulamentações de proteção de dados, como o Regulamento Geral de Proteção de Dados (GDPR) na União Europeia, ou a Lei Geral de Proteção de Dados (LGPD) no Brasil, é essencial para garantir que os dados sensíveis sejam tratados de maneira ética e legalmente adequada. O não cumprimento dessas leis pode resultar em penalidades severas e danos à reputação da organização.

A interpretabilidade e a transparência dos modelos de inteligência artificial (IA) emergem como desafios essenciais na governança de dados, especialmente quando se considera a confiabilidade e a aceitação dos usuários.

Segundo Mitchell et al. (2019), a capacidade de compreender e explicar as decisões tomadas pelos modelos de IA é crucial para estabelecer confiança e garantir a legitimidade das ações realizadas através deles.

A falta de transparência nos processos de IA pode dificultar a auditoria e a explicação das conclusões alcançadas, o que pode acarretar preocupações éticas e jurídicas.

A interpretabilidade dos modelos de IA refere-se à capacidade de explicar como as decisões são tomadas e quais os motivos que levam a um determinado resultado.

Para os usuários e profissionais que trabalham com IA, é essencial compreender o funcionamento interno dos modelos para validar sua confiabilidade e tomar decisões informadas. Modelos complexos e de difícil interpretação podem gerar desconfiança e incerteza, impactando a adoção e a aplicação prática dos resultados gerados.

Além disso, a transparência dos processos de IA é fundamental para permitir a auditoria e o controle sobre as ações realizadas pelos modelos. A capacidade de rastrear e explicar como as decisões são alcançadas garante a conformidade com regulamentos, como a explicação do GDPR referente à explicabilidade das decisões automatizadas.

A transparência também ajuda a identificar e mitigar possíveis viés e discriminações presentes nos modelos, garantindo um uso equitativo e ético da IA.

Portanto, a interpretabilidade e a transparência dos modelos de IA são elementos críticos na governança de dados, visando não apenas a eficácia e a precisão dos resultados, mas também a confiança e aceitação dos usuários.

A implementação de práticas e métodos que promovam a interpretabilidade e a transparência dos sistemas de IA é essencial para garantir uma governança de dados responsável e ética, fortalecendo a confiabilidade e a legitimidade das soluções baseadas em inteligência artificial.

Em uma perspectiva mais abrangente, a governança de dados na IA enfrenta o desafio de lidar com a rápida evolução tecnológica e regulatória. Como mencionado por Kurzweil (2012), "a dinâmica do setor de IA e a constante inovação requerem um enfoque adaptativo e ágil na governança de dados, a fim de acompanhar as mudanças e garantir o uso ético e responsável da tecnologia".

Neste contexto, torna-se evidente que a governança de dados na inteligência artificial é um campo complexo e desafiador, que exige soluções multidisciplinares e colaborativas para superar os obstáculos e garantir o uso eficaz e ético da IA. A abordagem desses problemas requer a implementação de políticas, processos e tecnologias robustas de governança de dados que abordem questões de qualidade, privacidade, transparência e conformidade regulatória.

19 O futuro.

À medida que a Inteligência Artificial (IA) continua a se desenvolver e se integrar em diversas áreas da vida e da economia, a governança de dados, que é instrumental para fornecer a 'alimentação' para esses sistemas de IA, enfrentará desafios sem precedentes e, portanto, deve evoluir para atender às novas demandas que surgirão.

1. Adaptação a Regulamentações Dinâmicas.

Com a evolução da IA, poderemos ver o surgimento de novas regulações e legislações especificamente voltadas para a IA e o uso dos dados.

A governança de dados precisará se adaptar rapidamente a esses novos requisitos legais, mantendo-se flexível o suficiente para se ajustar a regulações que podem ser muito diferentes de uma jurisdição para outra, especialmente ao lidar com sistemas de IA que se estendem através das fronteiras internacionais.

2. Foco em Ética e Transparência.

A IA coloca questões éticas complexas à frente, principalmente em relação a como os dados são usados para treinar algoritmos. Governança de dados para IA precisará evoluir para incluir práticas que garantam transparência na origem dos dados, no consentimento do usuário para seu uso e na forma como os modelos de IA tomam decisões.

Isso pode significar a implementação de auditorias de algoritmos, linhagem de dados aprimorada e documentação extensiva ao longo de todo o ciclo de vida dos dados.

3. Qualidade e Integridade dos Dados.

A IA é altamente dependente da qualidade e variedade dos dados a que tem acesso. Governança de dados futura terá que evoluir para garantir que os dados usados para treinar IA sejam representativos, sem viés e de alta qualidade.

Isso pode exigir o desenvolvimento de novos padrões de qualidade de dados e práticas que estão especificamente moldadas para atender às necessidades complexas e em constante mudança dos sistemas de IA.

4. Segurança e Privacidade.

A segurança e a privacidade dos dados continuarão a ser preocupações centrais na governança de dados, especialmente com a implementação de sistemas de IA que possamidentificar, processar e, em certos casos, tomar decisões que afetam a privacidade individual.

A evolução na governança de dados exigirá medidas robustas de proteção contra violações de dados, uso indevido de dados pessoais e ataques cibernéticos avançados.

Além disso, técnicas como a anonimização, pseudonimização e criptografia terão que ser aprimoradas para proteger os dados contra a exploração ilícita sem impedir sua utilidade para a IA.

5. Interoperabilidade e Padrões Abertos.

Com o crescimento da IA, surge uma demanda crescente por interoperabilidade entre diferentes sistemas e por padrões abertos que facilitem a integração e o compartilhamento de dados.

A governança evolutiva de dados precisará abordar a forma como múltiplos sistemas de IA, possivelmente construídos por várias entidades com diversas arquiteturas e design, podem interagir e trocar dados de forma eficiente e segura.

6. Desenvolvimento de Competências.

A governança de dados para IA exigirá uma base de competências que combine conhecimento em big data, ciência de dados, segurança cibernética, ética de IA e conformidade legal.

Os profissionais envolvidos na governança de dados precisarão de formação contínua e desenvolvimento de novas habilidades para lidar com as tecnologias emergentes e as práticas correspondentes.

7. Explicabilidade e Auditabilidade.

Conforme os sistemas de IA se tornam mais complexos, a capacidade de explicar como as decisões foram tomadas - a "explicabilidade" - torna-se essencial.

A governança de dados terá de incluir maneiras de rastrear e documentar os processos de tomada de decisão dos algoritmos para que sejam compreensíveis para os seres humanos, assim como assegurar que estes sistemas possam ser auditados de maneira eficiente.

8. Desafios em Escala.

IA em escala requer um volume massivo de dados que precisam ser gerenciados. A governança de dados deve crescer não apenas em termos de complexidade, mas também em escala para gerenciar de forma eficientea vasta quantidade de informações geradas e utilizadas por sistemas de IA distribuídos globalmente.

Isso incluirá soluções que lidam com big data, gerenciamento de armazenamento, processamento de dados em tempo real e integração de vários tipos de dados de fontes heterogêneas.

9. Automação da Governança de Dados.

Uma vez que a IA continua a avançar, parte da própria governança de dados pode se tornar automatizada, utilizando IA para ajudar na qualidade dos dados, na conformidade regulatória e no monitoramento de segurança.

Isso pode levar a uma meta-governança onde sistemas de IA estão assegurando a governança de si mesmos sob a supervisão humana, tornando o processo de governança mais eficiente e menos suscetível a erros humanos.

10. Impacto Social e Responsabilidade.

A governança de dados precisará cada vez mais levar em conta o impacto social mais amplo da IA. Questões como o impacto no emprego, preconceitos e discriminação embutidos nos dados ou nos algoritmos, e o potencial para perpetuar desigualdades existentes, precisarão ser endereçadas de forma proativa na fase de governança de dados.

11. Cooperação Internacional e Acordos Setoriais.

À medida que a IA afeta cada vez mais a economia global e sistemas sociopolíticos, a governança de dados pode requerer novos níveis de cooperação internacional e acordos setoriais, assegurando que as melhores práticas de governança de dados sejam consistentes em diferentes países e indústrias, facilitando assim uma abordagem globalmente harmonizada.

A governança de dados para IA não é apenas um complemento ao desenvolvimento da IA, mas uma componente crítica que precisa evoluir simultaneamente. Com a crescente onipresença da IA em todas as facetas da vida, a necessidade de uma governança de dados sólida e evoluída nunca foi tão crítica.

O futuro promissor que a IA oferece estará ancorado na capacidade de gerenciar dados de forma eficiente, ética e legalmente compatível, garantindo assim que os benefícios da IA sejam amplamente distribuídos e desfrutados de maneira segura e justa.

As organizações e indivíduos que lidam com a IA terão que se envolver ativamente na construção de sistemas de governança de dados que não apenas protejam, mas também potencializem o vasto potencial dos dados para impulsionar a inovação.

A governança de dados do futuro deverá ser mais do que reativa; ela precisará de uma visão proativa, prospectiva e estratégica, levando em consideração a velocidade e a direção do avanço tecnológico.

Ela será menos sobre estabelecer barreiras e mais sobre permitir possibilidades, guiando o uso responsável dos dados através de práticas transparentes e compartilhadas de forma empática e ética.

À medida que a IA se torna integrada à infraestrutura crítica e aos processos de tomada de decisão essenciais, a governança de dados também deverá focar na resiliência, desenvolvendo estratégias para recuperar e preservar integridade dos dados no caso de contratempos ou crises.

A próxima onda de governança de dados precisará de um diálogo aberto entre desenvolvedores de IA, usuários finais, partes interessadas e formuladores de políticas.

As discussões têm de abranger não só como os dados são coletados, armazenados e usados, mas também as implicações de longo prazo do aprendizado de máquinas e da autonomia de sistemas na sociedade.

A governança de dados no contexto da IA não será uma responsabilidade exclusiva de especialistas em dados ou de reguladores. Ela se tornará uma consideração central para todos, um elemento fundamental de educação e capacitação digital, e um ponto crucial para a engenharia e gestão de sistemas de todos os tipos.

À medida que avançamos, cada passo rumo a melhores práticas e inovações em governança de dados irá moldar o legado da aplicação da IA.

Este é um desafio global que requer compreensão global e uma responsabilidade compartilhada para assegurar que o futuro alimentado pela IA seja um que reflita nossas maiores aspirações e respeite nossos mais profundos princípios éticos.

 A governança de dados que tem IA como foco exige um compromisso com a evolução constante, reconhecendo que cada avanço em algoritmos de aprendizado de máquina ou redes neurais levanta novas questões a respeito de privacidade, segurança e inclusão.

Devemos, portanto, promover a literacia em dados em todos os níveis da sociedade para que os usuários e as pessoas afetadas pelas decisões da IA possam compreender e questionar os processos por trás delas.

Uma sociedade bem informada sobre as práticas de governança de dados e os princípios de funcionamento da IA é mais capaz de participar ativamente no modelamento do impacto tecnológico.

O trabalho colaborativo entre setores também é um aspecto fundamental. A união de acadêmicos, indústria, organizações sem fins lucrativos e órgãos governamentais pode ajudar a criar um ecossistema de governança de dados robusto e adaptável.

Tais colaborações podem gerar padrões de dados abertos, práticas recomendadas, ferramentas de verificação e validação, e estruturas para avaliação de impacto ético.

A governança de dados deverá ajudar a direcionar a IA para resolver grandes questões sociais, desde mudanças climáticas até saúde global, garantindo que a tecnologia seja usada para o benefício coletivo. Iniciativas de dados abertos e colaborações em massa também podem alimentar sistemas de IA que se dedicam a soluções de alto impacto social.

Na política de governança, pode-se esperar o surgimento de roles dedicados à ética da IA, à transparência e à responsabilização, refletindo uma compreensão de que as decisões baseadas em dados podem ter profundas repercussões éticas e sociais.

A evolução da governança de dados será medida pela sua capacidade de não apenas mitigar riscos, mas também de abraçar os benefícios da IA balanceando inovação com proteção, e ambicionando por um mundo onde a IA atue como uma força ampliadora do bem-estar humano e da justiça social.

Essa é a complexa trama que se descortina na confluência entre os dados e a IA: uma interação onde a inovação técnica avança lado a lado com a reflexão ética, orientada por uma governança de dados que é, ao mesmo tempo, resiliente e adaptável.

Esta evolução contínua significará também que os sistemas de governança de dados terão que ser iterativos, ajustando-se à medida que novas descobertas e desafios emergirem.

Será necessária uma visão holística que considere não apenas os dados em si, mas o ecossistema completo no qual os dados circulam — incluindo o tecido social, os sistemas econômicos e os ambientes naturais.

A governança de dados terá que estar alinhada com os avanços na autorregulação da IA e com o desenvolvimento de sistemas autônomos que possam monitorar suas próprias operações de dados.

Consequentemente, pode-se esperar uma participação crescente de mecanismos de IA nos processos de auditoria, tanto para garantir conformidade quanto para melhorar a precisão e a eficiência da governança de dados.

Será vital manter um diálogo contínuo entre cientistas de dados, engenheiros de IA, especialistas legais e éticos, bem como com o público em geral, para garantir que as decisões tomadas em nível técnico estejam alinhadas com valores e interesses da sociedade como um todo. A voz do indivíduo e as preocupações comunitárias precisarão ser reconhecidas e integradas nas estratégias de governança de dados.

Este caminho rumo a uma governança de dados evoluída para uma era de IA avançada deverá ser pavimentado com uma dose de humildade — o reconhecimento de que quanto mais aprendemos, mais começamos a entender a dimensão do que ainda não sabemos.

À medida que as fronteiras da IA se expandem, também deve crescer a nossa compreensão da importância da governança de dados responsável, sua complexidade e o papel crucial que ela desempenha em guiar a inovação tecnológica para um futuro equitativo e sustentável.

Perseguimos um equilíbrio entre o ritmo acelerado do desenvolvimento tecnológico e a necessidade de reflexões cuidadosas sobre o enorme impacto dessas tecnologias em nossa sociedade.

A evolução da governança de dados rumo à era da IA avançada será, portanto, uma narrativa contínua, escrita através de ações conscientes, estudos dedicados, colaborações interdisciplinares, e uma vigilância constante sobre a integração ética destas poderosas ferramentas em nossas vidas cotidianas.

O caminho à frente é simultaneamente empolgante e desafiador. A governança de dados deve se transformar não apenas para acompanhar as inovações, mas para ser uma força capaz de antecipá-las e direcioná-las para resultados positivos.

A integração de princípios de responsabilidade social, um engajamento atento com partes interessadas e a promoção de uma pesquisa contínua sobre o impacto da IA na sociedade serão componentes fundamentais dessa evolução.

A colaboração internacional será essencial, incentivando a criação de padrões globais e o compartilhamento de melhores práticas. A governança de dados deve ser pensada num contexto global, já que dados e IA não reconhecem fronteiras.

Cooperação entre nações, instituições e indivíduos será imprescindível para enfrentar desafios comuns, como a proteção contra vieses discriminatórios nos modelos de IA e a garantia de que avanços tecnológicos beneficiem a humanidade de forma geral.

O envolvimento e a educação do público em geral ganham cada vez mais importância. Ao fomentar uma compreensão mais ampla dos sistemas de IA e da governança de dados, podemos incentivar uma cidadania informada que possa participar ativamente nas conversas que moldam o futuro tecnológico e as políticas públicas relacionadas.

A evolução da governança de dados na era da IA avançada será um processo iterativo que exige flexibilidade, inovação e comprometimento ético. A medida em que trilhamos esse caminho, é nossa responsabilidade partilhar conhecimento, fortalecer a transparência e fomentar um ambiente onde o diálogo e a participação coletiva possam prosperar.

Afinal, dados e IA não são apenas assuntos de interesse para cientistas de dados e desenvolvedores de tecnologia; eles são agora fundamentais para todos os aspetos da sociedade humana e, por isso, é imperativo que sua

20 Conclusão.

Ao longo deste volume exploramos em profundidade os pilares que sustentam a governança de dados no contexto da inteligência artificial.

Desde a estruturação adequada de bases de dados, passando pela gestão de dados mestres (MDM) e de referência (RDM), até a importância de metadados e da qualidade de dados, cada capítulo deste livro destacou a relevância de uma governança bem planejada e executada para o sucesso de qualquer projeto de IA.

Compreendemos que dados estruturados, bem geridos e seguros são o combustível que alimenta a inteligência artificial, transformando informação em poder estratégico.

Sem governança, os dados tornam-se meros fragmentos desconectados, sem a capacidade de gerar valor significativo. Através dos exemplos práticos, das recomendações de especialistas e dos estudos de caso apresentados, você, leitor, foi equipado com as ferramentas e conhecimentos necessários para enfrentar os desafios contemporâneos da gestão de dados, além de maximizar o valor estratégico dessa governança nas suas operações.

Entretanto, este é apenas um passo de uma jornada essencial no campo da inteligência artificial. Este volume é parte de uma coleção maior, "Inteligência Artificial: O Poder dos Dados", disponível na Amazon, que explora, em profundidade, diferentes aspectos da IA e da ciência de dados.

Os demais volumes abordam temas igualmente cruciais, como a integração de sistemas de IA, a análise preditiva e o uso de algoritmos avançados para tomada de decisões.

Ao adquirir e ler os livros da coleção, você terá uma visão holística e profunda que permitirá não só otimizar a governança de dados, mas também potencializar o impacto da inteligência artificial nas suas operações.

A transformação digital está acontecendo agora, e os dados são o novo ouro. Continue sua jornada e mergulhe nos volumes da coleção para dominar completamente o futuro da IA e se posicionar como líder nessa era impulsionada pela informação.

21 Referências bibliográficas.

B. SETTLES, Active learning literature survey, Technical Report, University of Wisconsin-Madison D partment of Computer Sciences, 2009.

BERKOVSKY, K. Yu, S. CONWAY, D. TAIB, R., ZHOU, J. and CHEN, F. (2018). Do I trust a machine? Differences in user trust based on system performance, in: Human and Machine Learning, Springer, pp. 245–264.

BERNERS-Lee, T., MANSOUR, E., SAMBRA, A., et al. (2016). A Demonstration of the Solid Platform for Social Web Applications. Published inThe Web Conference. Disponível em https://dl.acm.org/doi/10.1145/2872518.2890529.

BRETON, Philippe & PROULX, Serge (1989). L'explosion de la communication. La naissance d'une nouvelle idéologie. Paris: La Découverte.

BROWN, C. (2018). Utilizing NoSQL Databases and Big Data Frameworks in AI Projects. Big Data Symposium Proceedings.

CHEN, M., WEI, Z., HUANG, Z., DING, B., & LI, Y. (2020) Simple and deep graph convolutional networks. In ICML.

COHEN, J.E. (2012). Configuring the Networked Self: Law, Code, and the Play of Everyday Practice. Yale University Press.

CRAWFORD, K. Ética e Transparência na Inteligência Artificial. Pesquisas em Ética de IA, 2021.

Data Management Association International (DAMA). (2020). "Data Governance Best Practices for NoSQL Databases and Graphs". DAMA White Paper Series, 7.

DAVENPORT, T. Cultura Organizacional e Governança de Dados. Harvard Business Review, 2017.

DAVENPORT, T.H. (2018). The Essential Role of Data Security in Data Governance. Harvard Business Review.

DAVENPORT, T.H., & DYCHE, J. (2013). Big Data in Big Companies. Harvard Business Review, 91(6), 60-68.

FU, Y., PENG, H., SABHARWAL, A., CLARK, P., & KHOT, T. (2022). Complexity-based prompting for multi-step reasoning. arXiv preprint arXiv:2210.00720.

FU, Z., XIANG, T., KODIROV, E., & GONG, S. (2017). Zero-shot learning on semantic class prototype graph. IEEE Transactions on Pattern Analysis and Machine Intelligence, 40(8), 2009–2022.

GLIWA, B., MOCHOL, I., BIESEK, M., & WAWER, A. (2019). Samsum corpus: A human-annotated dialogue dataset for abstractive summarization. arXiv preprint arXiv:1911.12237.

GOERTZEL, B. (2014). Artificial general intelligence: concept, state of the art, and future prospects. Journal of Artificial General Intelligence, 5(1), 1.

GUO, B., Zhang, X., WANG, Z., Jiang, M., NIE, J., DING, Y., YUE, J., & Wu, Y. (2023). How close is ChatGPT to human experts? Comparison corpus, evaluation, and detection. ar Xiv preprint arXiv:2301.07597.

HARRIS, D. (2018). *Data-Driven: Creating a Data Culture.* O'Reilly Media.

HAWKINS, J., & BLAKESLEE, S. (2004). On Intelligence. New York: Times Books.

HELBING, D. (2014). The World after Big Data: What the Digital Revolution Means for Us. Disponível em: http://papers.ssrn.com/sol3/papers.cfm?abstract_id=2438957.

IMHOFF, C. (2020). Holistic Approach to Data Governance for AI. Boulder BI Brain Trust.

JAJODIA, S., SAMARATI, P., & SUBRAHMANIAN, V. S. (2008). Handbook of Database Security: JAPEC, L., KREUTER, F., BERG, M., BIEMER, P., DECKER, P., LAMPE, C., ... & USHER, A. (2015). Big Data in Survey Research: AAPOR Task Force Report. Public Opinion Quarterly, 79(4), 839-880.

JOHNSON, M. (2018). Data Quality: A Key Factor in Machine.

JONES, A. et al. (2018). "Implementing Data Governance in a NoSQL Graph Database Environment". Proceedings of the International Conference on Data Management, 132-145.

LACITY, M. (2019). Data Governance for AI: Why it's Necessary for Success. Forbes.

LADLEY, J. (2019). Data Governance: How to Design, Deploy, and Sustain an Effective Data Governance Program. Oxford, UK: Elsevier.

LOGAN, D. (2020). The Emergence of the Chief Data Officer. Journal of Data Management, 20(2), 47-52.

LUCKER, J. Governança de Dados na Era da Inteligência Artificial. Deloitte, 2019.

MAYER-SCHÖNBERGER, V., CUKIER, K. (2013). Big Data: A Revolution That Will Transform How We Live, Work, and Think. Houghton Mifflin Harcourt.

OTTO, B., & WEBER, Kristin. (2013). Data governance. In Business & Information Systems Engineering.

REDMAN, R T.C. (2008). Data Governance. Bridgewater, NJ: Technics Publications.

REDMAN, T.C. & SOARES, D. D. (2021). Application of AI in Data Governance. AI Magazine, 37(4), 78-85.

RUSSELL, S., & NORVIG, P. (2009). "Artificial Intelligence: A Modern Approach".

S.A. CAMBO and D. GERGLE, User-Centred Evaluation for Machine Learning, in: Human and Machine

SHIH, P.C. (2018) Beyond Human-in-the-Loop: Empowering End-Users with Transparent Machine Learning, in: Human and Machine Learning, Springer, 2018, pp. 37–54.

SHMUELI, G., & KOPPIUS, O.R. (2011). Predictive Analytics in Information Systems Research. Management Information Systems Quarterly, 35(3), 553-572.

SOARES, S. (2012). Data Governance Tools: Evaluation Criteria, Big Data Governance, and Alignment with Enterprise Data Management. MC Press.

SOARES, S. (2013). Big Data Governance: An Emerging Imperative. MC Press.

TURING, A. (1950). "Computing Machinery and Intelligence". IN: Mind, Volume 59, Number 236, pp. 433-460. Edinburgh: Thomas Nelson & Sons.

WELLS, A., & CHIANG, K. (2016). Data-Driven Leadership. Wiley.

WIECZOREK, M., & MERTENS, P. (2019). Data Governance: A Practical Guide. Englewood Cliffs, NJ: Prentice Hall.

WYLIE, B. (2020). Big Data, Algorithms, and the Pursuit of AI Bias. Oxford University Press.

ZHENG, R. and GREENBERG, K. (2018). Effective Design in Human and Machine Learning: A Cognitive Perspective, in: Human and Machine Learning, Springer, pp. 55–74.

22 Descubra a Coleção Completa "Inteligência Artificial e o Poder dos Dados" – Um Convite para Transformar sua Carreira e Conhecimento.

A Coleção "Inteligência Artificial e o Poder dos Dados" foi criada para quem deseja não apenas entender a Inteligência Artificial (IA), mas também aplicá-la de forma estratégica e prática.

Em uma série de volumes cuidadosamente elaborados, desvendo conceitos complexos de maneira clara e acessível, garantindo ao leitor uma compreensão completa da IA e de seu impacto nas sociedades modernas.

Não importa seu nível de familiaridade com o tema: esta coleção transforma o difícil em didático, o teórico em aplicável e o técnico em algo poderoso para sua carreira.

22.1 Por Que Comprar Esta Coleção?

Estamos vivendo uma revolução tecnológica sem precedentes, onde a IA é a força motriz em áreas como medicina, finanças, educação, governo e entretenimento.

A coleção "Inteligência Artificial e o Poder dos Dados" mergulha profundamente em todos esses setores, com exemplos práticos e reflexões que vão muito além dos conceitos tradicionais.

Você encontrará tanto o conhecimento técnico quanto as implicações éticas e sociais da IA incentivando você a ver essa tecnologia não apenas como uma ferramenta, mas como um verdadeiro agente de transformação.

Cada volume é uma peça fundamental deste quebra-cabeça inovador: do aprendizado de máquina à governança de dados e da ética à aplicação prática.

Com a orientação de um autor experiente, que combina pesquisa acadêmica com anos de atuação prática, esta coleção é mais do que um conjunto de livros – é um guia indispensável para quem quer navegar e se destacar nesse campo em expansão.

22.2   Público-Alvo desta Coleção?

Esta coleção é para todos que desejam ter um papel de destaque na era da IA:
- ✓ Profissionais da Tecnologia: recebem insights técnicos profundos para expandir suas habilidades.

- ✓ Estudantes e Curiosos: têm acesso a explicações claras que facilitam o entendimento do complexo universo da IA.

- ✓ Gestores, líderes empresariais e formuladores de políticas também se beneficiarão da visão estratégica sobre a IA, essencial para a tomada de decisões bem-informadas.

- ✓ Profissionais em Transição de Carreira: Profissionais em transição de carreira ou interessados em se especializar em IA encontram aqui um material completo para construir sua trajetória de aprendizado.

22.3   Muito Mais do Que Técnica – Uma Transformação Completa.

Esta coleção não é apenas uma série de livros técnicos; é uma ferramenta de crescimento intelectual e profissional.

Com ela, você vai muito além da teoria: cada volume convida a uma reflexão profunda sobre o futuro da humanidade em um mundo onde máquinas e algoritmos estão cada vez mais presentes.

Este é o seu convite para dominar o conhecimento que vai definir o futuro e se tornar parte da transformação que a Inteligência Artificial traz ao mundo.

Seja um líder em seu setor, domine as habilidades que o mercado exige e prepare-se para o futuro com a coleção "Inteligência Artificial e o Poder dos Dados".

Esta não é apenas uma compra; é um investimento decisivo na sua jornada de aprendizado e desenvolvimento profissional.

Prof. Marcão - Marcus Vinícius Pinto

Mestre em Tecnologia da Informação.
Especialista em Inteligência Artificial, Governança de Dados e Arquitetura de Informação.

23 Os Livros da Coleção.

23.1 Dados, Informação e Conhecimento na era da Inteligência Artificial.

Este livro explora de forma essencial as bases teóricas e práticas da Inteligência Artificial, desde a coleta de dados até sua transformação em inteligência. Ele foca, principalmente, no aprendizado de máquina, no treinamento de IA e nas redes neurais.

23.2 Dos Dados em Ouro: Como Transformar Informação em Sabedoria na Era da IA.

Este livro oferece uma análise crítica sobre a evolução da Inteligência Artificial, desde os dados brutos até a criação de sabedoria artificial, integrando redes neurais, aprendizado profundo e modelagem de conhecimento.

Apresenta exemplos práticos em saúde, finanças e educação, e aborda desafios éticos e técnicos.

23.3 Desafios e Limitações dos Dados na IA.

O livro oferece uma análise profunda sobre o papel dos dados no desenvolvimento da IA explorando temas como qualidade, viés, privacidade, segurança e escalabilidade com estudos de caso práticos em saúde, finanças e segurança pública.

23.4   Dados Históricos em Bases de Dados para IA: Estruturas, Preservação e Expurgo.

Este livro investiga como a gestão de dados históricos é essencial para o sucesso de projetos de IA. Aborda a relevância das normas ISO para garantir qualidade e segurança, além de analisar tendências e inovações no tratamento de dados.

23.5   Vocabulário Controlado para Dicionário de Dados: Um Guia Completo.

Este guia completo explora as vantagens e desafios da implementação de vocabulários controlados no contexto da IA e da ciência da informação. Com uma abordagem detalhada, aborda desde a nomeação de elementos de dados até as interações entre semântica e cognição.

23.6   Curadoria e Administração de Dados para a Era da IA.

Esta obra apresenta estratégias avançadas para transformar dados brutos em insights valiosos, com foco na curadoria meticulosa e administração eficiente dos dados. Além de soluções técnicas, aborda questões éticas e legais, capacitando o leitor a enfrentar os desafios complexos da informação.

23.7   Arquitetura de Informação.

A obra aborda a gestão de dados na era digital, combinando teoria e prática para criar sistemas de IA eficientes e escaláveis, com insights sobre modelagem e desafios éticos e legais.

23.8   Fundamentos: O Essencial para Dominar a Inteligência Artificial.

Uma obra essencial para quem deseja dominar os conceitos-chave da IA, com uma abordagem acessível e exemplos práticos. O livro explora inovações como Machine Learning e Processamento de Linguagem Natural, além dos desafios éticos e legais e oferece uma visão clara do impacto da IA em diversos setores.

23.9   LLMS - Modelos de Linguagem de Grande Escala.

Este guia essencial ajuda a compreender a revolução dos Modelos de Linguagem de Grande Escala (LLMs) na IA.

O livro explora a evolução dos GPTs e as últimas inovações em interação humano-computador, oferecendo insights práticos sobre seu impacto em setores como saúde, educação e finanças.

23.10   Machine Learning: Fundamentos e Avanços.

Este livro oferece uma visão abrangente sobre algoritmos supervisionados e não supervisionados, redes neurais profundas e aprendizado federado. Além de abordar questões de ética e explicabilidade dos modelos.

23.11   Por Dentro das Mentes Sintéticas.

Este livro revela como essas 'mentes sintéticas' estão redefinindo a criatividade, o trabalho e as interações humanas. Esta obra apresenta uma análise detalhada dos desafios e oportunidades proporcionados por essas tecnologias, explorando seu impacto profundo na sociedade.

23.12   A Questão dos Direitos Autorais.

Este livro convida o leitor a explorar o futuro da criatividade em um mundo onde a colaboração entre humanos e máquinas é uma realidade, abordando questões sobre autoria, originalidade e propriedade intelectual na era das IAs generativas.

23.13   1121 Perguntas e Respostas: Do Básico ao Complexo– Parte 1 A 4.

Organizadas em quatro volumes, estas perguntas servem como guias práticos essenciais para dominar os principais conceitos da IA.

A Parte 1 aborda informação, dados, geoprocessamento, a evolução da inteligência artificial, seus marcos históricos e conceitos básicos.

A Parte 2 aprofunda-se em conceitos complexos como aprendizado de máquina, processamento de linguagem natural, visão computacional, robótica e algoritmos de decisão.

A Parte 3 aborda questões como privacidade de dados, automação do trabalho e o impacto de modelos de linguagem de grande escala (LLMs).

Parte 4 explora o papel central dos dados na era da inteligência artificial, aprofundando os fundamentos da IA e suas aplicações em áreas como saúde mental, governo e combate à corrupção.

23.14   O Glossário Definitivo da Inteligência Artificial.

Este glossário apresenta mais de mil conceitos de inteligência artificial explicados de forma clara, abordando temas como Machine Learning, Processamento de Linguagem Natural, Visão Computacional e Ética em IA.

- A parte 1 contempla conceitos iniciados pelas letras de A a D.
- A parte 2 contempla conceitos iniciados pelas letras de E a M.
- A parte 3 contempla conceitos iniciados pelas letras de N a Z.

23.15   Engenharia de Prompt - Volumes 1 a 6.

Esta coleção abrange todos os fundamentos da engenharia de prompt, proporcionando uma base completa para o desenvolvimento profissional.

Com uma rica variedade de prompts para áreas como liderança, marketing digital e tecnologia da informação, oferece exemplos práticos para melhorar a clareza, a tomada de decisões e obter insights valiosos.

Os volumes abordam os seguintes assuntos:

- Volume 1: Fundamentos. Conceitos Estruturadores e História da Engenharia de Prompt.
- Volume 2: Segurança e Privacidade em IA.
- Volume 3: Modelos de Linguagem, Tokenização e Métodos de Treinamento.
- Volume 4: Como Fazer Perguntas Corretas.
- Volume 5: Estudos de Casos e Erros.
- Volume 6: Os Melhores Prompts.

23.16   Guia para ser um Engenheiro De Prompt – Volumes 1 e 2.

A coleção explora os fundamentos avançados e as habilidades necessárias para ser um engenheiro de prompt bem-sucedido, destacando os benefícios, riscos e o papel crítico que essa função desempenha no desenvolvimento da inteligência artificial.

O Volume 1 aborda a elaboração de prompts eficazes, enquanto o Volume 2 é um guia para compreender e aplicar os fundamentos da Engenharia de Prompt.

23.17 Governança de Dados com IA – Volumes 1 a 3.

Descubra como implementar uma governança de dados eficaz com esta coleção abrangente. Oferecendo orientações práticas, esta coleção abrange desde a arquitetura e organização de dados até a proteção e garantia de qualidade, proporcionando uma visão completa para transformar dados em ativos estratégicos.

O volume 1 aborda as práticas e regulações. O volume 2 explora em profundidade os processos, técnicas e melhores práticas para realizar auditorias eficazes em modelos de dados. O volume 3 é seu guia definitivo para implantação da governança de dados com IA.

23.18 Governança de Algoritmos.

Este livro analisa o impacto dos algoritmos na sociedade, explorando seus fundamentos e abordando questões éticas e regulatórias. Aborda transparência, accountability e vieses, com soluções práticas para auditar e monitorar algoritmos em setores como finanças, saúde e educação.

23.19 De Profissional de Ti para Expert em IA: O Guia Definitivo para uma Transição de Carreira Bem-Sucedida.

Para profissionais de Tecnologia da Informação, a transição para a IA representa uma oportunidade única de aprimorar habilidades e contribuir para o desenvolvimento de soluções inovadoras que moldam o futuro.

Neste livro, investigamos os motivos para fazer essa transição, as habilidades essenciais, a melhor trilha de aprendizado e as perspectivas para o futuro do mercado de trabalho em TI.

23.20 Liderança Inteligente com IA: Transforme sua Equipe e Impulsione Resultados.

Este livro revela como a inteligência artificial pode revolucionar a gestão de equipes e maximizar o desempenho organizacional.

Combinando técnicas de liderança tradicionais com insights proporcionados pela IA, como a liderança baseada em análise preditiva, você aprenderá a otimizar processos, tomar decisões mais estratégicas e criar equipes mais eficientes e engajadas.

23.21 Impactos e Transformações: Coleção Completa.

Esta coleção oferece uma análise abrangente e multifacetada das transformações provocadas pela Inteligência Artificial na sociedade contemporânea.

- Volume 1: Desafios e Soluções na Detecção de Textos Gerados por Inteligência Artificial.
- Volume 2: A Era das Bolhas de Filtro. Inteligência Artificial e a Ilusão de Liberdade.
- Volume 3: Criação de Conteúdo com IA - Como Fazer?
- Volume 4: A Singularidade Está Mais Próxima do que Você Imagina.
- Volume 5: Burrice Humana versus Inteligência Artificial.
- Volume 6: A Era da Burrice! Um Culto à Estupidez?
- Volume 7: Autonomia em Movimento: A Revolução dos Veículos Inteligentes.
- Volume 8: Poiesis e Criatividade com IA.
- Volume 9: Dupla perfeita: IA + automação.

- Volume 10: Quem detém o poder dos dados?

23.22 Big Data com IA: Coleção Completa.

A coleção aborda desde os fundamentos tecnológicos e a arquitetura de Big Data até a administração e o glossário de termos técnicos essenciais.

A coleção também discute o futuro da relação da humanidade com o enorme volume de dados gerados nas bases de dados de treinamento em estruturação de Big Data.

- Volume 1: Fundamentos.
- Volume 2: Arquitetura.
- Volume 3: Implementação.
- Volume 4: Administração.
- Volume 5: Temas Essenciais e Definições.
- Volume 6: Data Warehouse, Big Data e IA.

24 Sobre o Autor.

Sou Marcus Pinto, mais conhecido como Prof. Marcão, especialista em tecnologia da informação, arquitetura da informação e inteligência artificial.

Com mais de quatro décadas de atuação e pesquisa dedicadas, construí uma trajetória sólida e reconhecida, sempre focada em tornar o conhecimento técnico acessível e aplicável a todos os que buscam entender e se destacar nesse campo transformador.

Minha experiência abrange consultoria estratégica, educação e autoria, além de uma atuação extensa como analista de arquitetura de informação.

Essa vivência me capacita a oferecer soluções inovadoras e adaptadas às necessidades em constante evolução do mercado tecnológico, antecipando tendências e criando pontes entre o saber técnico e o impacto prático.

Ao longo dos anos, desenvolvi uma expertise abrangente e aprofundada em dados, inteligência artificial e governança da informação – áreas que se tornaram essenciais para a construção de sistemas robustos e seguros, capazes de lidar com o vasto volume de dados que molda o mundo atual.

Minha coleção de livros, disponível na Amazon, reflete essa expertise, abordando temas como Governança de Dados, Big Data e Inteligência Artificial com um enfoque claro em aplicações práticas e visão estratégica.

Autor de mais de 150 livros, investigo o impacto da inteligência artificial em múltiplas esferas, explorando desde suas bases técnicas até as questões éticas que se tornam cada vez mais urgentes com a adoção dessa tecnologia em larga escala.

Em minhas palestras e mentorias, compartilho não apenas o valor da IA, mas também os desafios e responsabilidades que acompanham sua implementação – elementos que considero essenciais para uma adoção ética e consciente.

Acredito que a evolução tecnológica é um caminho inevitável. Meus livros são uma proposta de guia nesse trajeto, oferecendo insights profundos e acessíveis para quem deseja não apenas entender, mas dominar as tecnologias do futuro.

Com um olhar focado na educação e no desenvolvimento humano, convido você a se unir a mim nessa jornada transformadora, explorando as possibilidades e desafios que essa era digital nos reserva.

25 Como Contatar o Prof. Marcão.

25.1 Para palestras, treinamento e mentoria empresarial.

marcao.tecno@gmail.com

25.2 Prof. Marcão, no Linkedin.

https://bit.ly/linkedin_profmarcao

www.ingramcontent.com/pod-product-compliance
Lightning Source LLC
LaVergne TN
LVHW051653050326
832903LV00032B/3795